1 MONTH OF FREE READING

at

www.ForgottenBooks.com

By purchasing this book you are eligible for one month membership to ForgottenBooks.com, giving you unlimited access to our entire collection of over 1,000,000 titles via our web site and mobile apps.

To claim your free month visit:

www.forgottenbooks.com/free612328

ISBN 978-0-656-74558-6
PIBN 10612328

L'Architecture
aux États-Unis

PREUVE DE LA FORCE D'EXPANSION
DU GÉNIE FRANÇAIS

Heureuse Association de Qualités admirablement complémentaires

PAR

Jacques Gréber, Arch. s. a. d. g.

Préface de VICTOR CAMBON, Ingénieur E. C. P.

TOME PREMIER

PAYOT & CIE, PARIS

106, BOULEVARD SAINT-GERMAIN, 106

1920

Les documents qui m'ont été si gracieusement confiés pour ce livre sont si nombreux qu'il est impossible de remercier, par une mention personnelle, chacun des confrères américains qui ont bien voulu me prêter leur concours. L'hommage de ma gratitude ne peut être mieux placé qu'au bas de chacune de leurs œuvres, montrées dans cet ouvrage. En bloc, je les remercie donc tous, et j'ajouterai seulement pour le Commercial Club de Chicago et pour la Commission Fédérale du Plan d'Ottawa, qui m'ont aimablement autorisé à la reproduction de leurs études un témoignage de reconnaissance pour ces deux organisations qui ont si puissamment aidé à l'embellissement de leurs villes.

De même je tiens à remercier la Fairmount Art Association de Philadelphie, qui s'est aimablement prêtée à la reproduction des planches en couleur de l'édition qu'elle a faite des embellissements de Philadelphie.

Enfin, à Mademoiselle M. BERNARD, pour son intelligente précision dans la préparation du texte, trop hâtivement dicté, doivent s'adresser les éloges des rares lecteurs qui l'auront parcouru.

L'AUTEUR.

PRÉFACE

2. *Jardin de J. D Rockefeller, Esq.*

'OCCASION est rare, pour un ingénieur, d'écrire une préface au livre d'un architecte, autant que l'honneur de
présenter au public une œuvre d'aussi haute portée que
« L'Architecture aux Etats-Unis » de M. Gréber.

Un préjugé règne encore, puissant, en France,
que la science de l'ingénieur et le talent de l'architecte
sont deux éléments de l'activité humaine, non sans doute
opposés, mais étrangers l'un à l'autre, et cette conception
rencontre un point d'appui difficile à ébranler dans la
dissemblance excessive des enseignements donnés chez
nous aux aspirants à ces deux carrières.

La place manque dans le cadre de ces quelques pages pour mettre en relief ces
différences de formation; mais leur critique se dégage presque spontanément du livre
de M. Gréber.

Mieux qu'à personne, il appartenait à un architecte français ayant longtemps
exercé son art dans les villes des Etats-Unis de montrer le rapprochement nécessaire
entre les lois de la technique et les principes de l'architecture. Car en Amérique, comme
dans la plupart des pays, le travail de l'architecte, sans se confondre avec celui de l'ingénieur, s'en rapproche par bien des côtés, à cause du rôle de plus en plus important
que la mécanique, l'électricité, le chauffage industriel, l'éclairage, la ventilation jouent
dans les constructions modernes. C'est pourquoi l'enseignement des deux professions y
est donné dans les mêmes écoles.

De telles questions n'ont guère été traitées chez nous avec impartialité et compétence; non pas que les ouvrages écrits en français, et même en très bon français, sur
les Etats-Unis nous fassent défaut; mais avant ces dernières années, la plupart de leurs
auteurs furent surtout des hommes politiques, des littérateurs, des romanciers qui nous
offraient plus volontiers des œuvres d'imagination qu'ils ne nous apportaient des documents, ce que M. Gréber ne manque pas de noter. Quant aux livres de technique
pure, ils restaient ignorés du grand public.

Il a fallu l'irrésistible prestige des travaux de M. F. Taylor, dont les consé-quences modifieront dans le monde entier les conditions du travail, puis la vue plus ef-ficace encore des prodiges d'activité et de sens pratique déployés par les Américains, nos associés dans la grande guerre, pour que nous apprenions enfin à connaître telle qu'elle est et à apprécier l'Amérique.

Cette étude est loin d'être achevée; elle demande à entrer de plus en plus — et pour notre plus grand profit — dans le domaine des faits et des démonstrations objectives.

D'ailleurs, toute notre instruction en France a besoin de s'inspirer de ces méthodes.

L'ouvrage de M. Gréber et les magnifiques illustrations qui l'accompagnent y apportent une contribution de premier ordre.

. .

Nul n'était mieux placé que M. Jacques Gréber pour entreprendre et mener à bien ce beau travail.

Fils du sculpteur bien connu, M. J. Gréber est diplômé de l'Ecole des Beaux-Arts de Paris.

Depuis plus de dix ans, il a eu l'occasion d'exécuter aux Etats-Unis de grandes compositions décoratives où il a su mettre en valeur le style des jardins français en l'appropriant au climat et à la flore d'Amérique.

Dernièrement, la ville de Philadelphie le chargeait de son plan d'embellisse-ment ; il taille actuellement, en plein centre de la ville, une promenade de la grandeur des Tuileries et des Champs-Elysées réunis, et qui assainit et dégage un des points les plus congestionnés de la cité.

Dix années d'allées et venues entre la France et l'Amérique lui ont permis de s'assimiler les différences entre les méthodes de construction et de matériaux qui s'ob-servent dans les deux pays.

Fin 1918, M. Tardieu le chargeait d'une mission sur cet objet; le remarquable rapport qu'il rédigea détermina le Ministère des régions libérées à lui confier une nouvelle mission dont le rapport sur l'aide technique américaine est actuellement à l'impression.

M. Gréber, qui a simultanément des ateliers à New-York, à Philadelphie et à Paris, est parvenu, grâce à l'étonnante organisation du travail aux Etats-Unis, à diriger de France toutes ses entreprises.

. .

Ce serait se renfermer dans une conception trop étroite que de s'imaginer que les créations de l'industrie sont inconciliables avec le culte du beau.

Les Américains, du reste, expriment cette pensée à leur manière quand ils écrivent :

« *Le travail le plus en honneur à chaque époque a attiré les hautes intelligences*
« *de cette époque. Lorsque, sous les Médicis, c'était la peinture, les cerveaux les plus vas-*
« *tes se consacraient à la peinture. Léonard de Vinci, Michel-Ange embrassaient toutes*
« *les connaissances de leur temps, mais ils étaient avant tout peintres et sculpteurs. Les*
« *peintres du siècle des Médicis seraient aujourd'hui des hommes de chemins de fer.* »

*De ce que la plupart des Américains, dans la fièvre des découvertes et de l'ex-
ploitation des ressources de leur prodigieux domaine naturel, n'ont pas encore eu le
temps de s'adonner au culte des beaux-arts, beaucoup de nos écrivains ont faussement
conclu que ce grand peuple manque de sens artistique. Ces auteurs n'ont pas vu que
c'est seulement l'initiation qui lui fait défaut. Je voudrais en donner un exemple probant.*

*Lors des premières semaines du débarquement en France des immenses armées
américaines, je demandai un jour à un de leurs généraux ce qui intéressait le plus ces
hommes qui mettaient pour la première fois le pied dans notre pays. Il me répondit
sans chercher : « Ce sont les vieilles pierres dont votre pays est couvert : restes impé-*
« *rissables de l'époque gallo-latine, cathédrales majestueuses ou modestes églises romanes,*
« *ruines féodales, châteaux princiers entourés de parcs séculaires, cloîtres de vos anti-*
« *ques monastères, hôtels de ville parés des plus riches ornements de la Renaissance,*
« *monuments aux lignes grandioses de Louis XIV ou délicates du XVIIIᵉ siècle, sou-*
« *venirs impressionnants de l'époque napoléonienne ; voilà ce qui les étonne et les ravit.* »

*Habitués à ne contempler jamais que des choses nées d'hier, ces hommes se sen-
taient émus à voir défiler devant leurs yeux les vingt siècles de notre histoire.*

*Puis dans leurs esprits, une autre impression, plus flatteuse encore pour nous se
marquait, semblable à celle du dilettante qui n'a jamais vu que des copies de grands
maîtres et qui, tout à coup, se trouve en présence des originaux.*

*Car toute l'architecture américaine, depuis que l'Amérique fait figure dans le
monde, est fille de notre architecture classique. Ils l'ont librement choisie et ce ne serait
certes pas à nous de déclarer qu'ils manquent de goût.*

．．

*Mais au culte de la forme et à la perfection de la décoration, supérieurs, dans les
œuvres françaises de nos belles époques, à tout ce que les autres pays européens peuvent
offrir, les Américains ont ajouté dans leurs constructions un élément inédit, la recherche
des conditions qui embellissent l'existence, et ils y sont passés maîtres.*

*Voilà ce que M. Gréber a entrepris de nous montrer avec une large abondance
de documents et une admirable richesse d'illustrations.*

*A parcourir les pages de son livre, ce n'est pas seulement l'architecture, c'est
toute la vie américaine qui se déroule à nos yeux :*

Vie des premiers puritains d'Europe qui immigrèrent dans le Nouveau Monde ;

Vie intime des Américains d'aujourd'hui, avec leurs confortables homes et leurs somptueuses villas; Vie extérieure, avec ses hôtels, ses clubs, ses bibliothèques, ses sports athlétiques; Vie d'affaires, avec ses buildings et ses gares de chemins de fer; Vie publique avec les réalisations, à la fois utiles et superbes, de ses universités, de ses musées, de ses parcs, de ses jardins zoologiques.

Dirai-je aussi que si M. Gréber rend un hommage éclatant à la belle architecture française d'autrefois, il n'épargne pas maints coups de griffes à notre existence étriquée d'aujourd'hui, au manque d'hygiène de nos villes, aux habitations par trop primitives de nos campagnes.

En résumé, M. Gréber nous dépeint l'architecture américaine avec tout ce qu'elle comporte d'avantages et d'agrément pour les hommes de notre époque, avec tout ce qu'elle assure, par ses dispositions, de vigueur et de santé à la race qui s'y développe.

Et s'il m'est permis d'exprimer un regret, c'est celui de ne pas trouver, au travers des centaines de gravures qui illustrent son livre, bien campés et bien mis en valeur, quelques-uns des beaux types d'athlètes que cette architecture abrite. A quoi pourrait-il sans doute me répondre, qu'ayant vu les originaux, accourus au secours de notre pays, il est superflu de représenter leur image, et il ajouterait certainement que leur genre de vie, révélé par leur architecture, est la meilleure explication de leur puissante vitalité.

VICTOR CAMBON.

Pl. II

McKim, Mead and White, architects.

HARVARD CLUB NEW-YORK
Grand Hall

INTRODUCTION

AU PREMIER VOLUME

———

'EST en Amérique que vous exécutez ça? Mon pauvre ami! et vous devez y aller! Mais vous y perdrez le peu d'idées artistiques que vous avez acquises à l'Ecole! L'Amérique n'est qu'une forêt de gratte-ciel et de cheminées d'usines. Avec des millions de dollars, les Américains multiplient des reproductions de nos plus beaux monuments et essayent de remplacer par l'argent ce que le temps seul a permis de faire chez nous. Il n'y a pas d'idéal plus anti-artistique que celui-là! Parlez-nous de leurs machines, mais pas de leurs œuvres d'art! »

4. *Detail de Porche, Forest Hills*

Je m'embarquai donc pour l'Amérique muni de ces avertissements d'un de nos anciens maîtres qui, évidemment, n'avait pas encore pu lire les *Lettres d'un Vieil Américain*. En arrivant à New-York, je me demandais comment j'allais supporter la vision d'enfer qu'on m'avait promise.

C'était en octobre; le soleil se couchait et le port s'illuminait peu à peu, tandis que la *Lorraine* remontait l'Hudson.

La silhouette scintillante des grands sky-scrapers, la nuée des remorqueurs et des ferry-boats qui s'entrecroisaient en sifflant et en jetant des feux multicolores, tout cela me fit croire qu'un rêve ironique me montrait New-York dans une apothéose féerique et puissante. La phrase du maître me revenait à l'esprit et j'aurais voulu qu'il fût à mes côtés pour commencer à la rétracter. Ce n'était pas la silhouette de Bordeaux, ni le vieux port du Havre, ni ce pittoresque charmant de nos vieilles villes endormies; mais c'était simplement l'image vivante et grandiose de la force.

Le lendemain, je voyais la Cinquième Avenue et j'étais frappé de l'harmonie de ses constructions luxueuses, dont certaines façades semblent être un peu trop inspirées de la Renaissance italienne ou des belles époques françaises. Mais que faisons-nous nous mêmes, en puisant trop souvent, dans Gabriel, dans Blondel, dans Delafosse, des éléments pour décorer nos façades d'immeubles modernes? Plus je regardais, plus je pensais que le maître avait été sévère et semblait avoir oublié que beaucoup de ses anciens élèves étaient revenus chez eux porter sa bonne parole. Car il ne faut pas plus d'une demi-journée pour s'apercevoir, à New-York, de la différence très nette qui existe entre les constructions antérieures à l'époque d'influence de l'Ecole des Beaux-Arts, et les plus récentes, qui sont marquées de l'empreinte des principes français.

L'après-midi, je voyais plusieurs maisons de campagne près de New-York. Les merveilleuses tonalités que prend la nature dans cette période d'automne, qui est la plus belle saison aux Etats-Unis, mes appréhensions pessimistes, facilitèrent sans doute l'impression inoubliable de charme, de bon goût et d'harmonie que je ressentis ; et, pour être sûr qu'il n'y avait pas là seulement une coïncidence exceptionnelle, je demandai à en voir d'autres. Ma première impression ne s'est jamais démentie depuis.

On rencontre aux Etats-Unis, comme partout, beaucoup d'horreurs ; mais il est nécessaire de dire que les architectes contemporains font les plus grands efforts pour les supprimer peu à peu. Leurs concitoyens, officiels ou non, les y aident de toutes leurs forces, et l'on verra, par quelques exemples donnés dans ce livre, que la période la moins heureuse pour l'architecture correspond à celle de la création intense et hâtive des villes. A cette époque, tout était sacrifié au développement de l'industrie et de la prospérité économique du pays ; il fallait *bâtir* bien souvent sans avoir le temps de *composer ;* en quelques années, des villes entières sortaient du sol. C'était une condition vitale que de ne pas perdre un instant, même à l'étude des grands plans d'ensemble, qu'il faut maintenant corriger à grands frais ; et si quelques exemples de mauvais goût dans les résidences ou les monuments publics qui ont la prétention d'avoir été étudiés se rencontrent, pendant cette période, c'est que le pays tout entier était encore dans le désordre de la formation. La fusion des éléments si divers qui composaient la race n'avait pas encore pu donner ses excellents résultats. La population n'était pas encore devenue un peuple et l'architecture, reflet de la vie, illustrait fatalement cet état de choses.

Depuis, l'idée nationale s'est cristallisée ; les conditions ethniques se sont merveilleusement combinées ; le développement de la culture intellectuelle a passé de l'élite au peuple entier, et l'architecture moderne de l'Amérique porte la trace puissante de cette maturité.

Plus j'ai examiné les œuvres des architectes américains, plus j'ai été frappé de ce fait, si flatteur pour la France, que, partis de *principes anglais* résultant de la période de colonisation, ils ont été influencés peu à peu par une tendance nettement accentuée vers le *latinisme* et surtout vers celui de l'*art français.*

Certains voyageurs, et non des moindres, ont semblé s'étonner que si beaucoup d'architectes américains ont fait leurs études en France et en ont rapporté le goût français, leurs monuments donnent parfois à leurs villes un aspect d'une lourdeur et d'une froideur plutôt allemandes. Cette impression pourrait s'expliquer par l'application trop absolue que les élèves américains ont pu faire des principes *classiques* qu'ils avaient appris à Paris ; c'est qu'il leur a manqué la personnalité et l'instinct créateur français qui nous ont permis, à toutes les époques de notre art, d'utiliser les bases de l'art antique, en prenant seulement les principes et en les adaptant à nos besoins.

Les Allemands, au contraire, qui ont pris l'antique pour diapason, se sont contentés de reproduire, en les abîmant, les monuments grecs et romains. Ils ne l'ont pas fait seulement à Munich ou à Berlin, mais jusqu'à Athènes même, où l'Académie des Beaux-Arts, construite par un Allemand, montre aux Grecs modernes cc que le Parthénon ou l'Erechteion auraient dû être selon les règles du génie allemand.

Empressons-nous de dire que lorsqu'on connaît bien l'architecture américaine, l'impression dont il est parlé plus haut ne subsiste pas; mais on doit cependant retenir de cette critique ce qu'elle peut avoir d'extrêmement intéressant pour nous : *si les professeurs français qui enseignent l'architecture aux jeunes Américains connaissaient un peu mieux l'Amérique, ils pourraient ajouter à l'excellent enseignement classique qu'ils leurs donnent, certains conseils d'adaptation qui ne sont peut-être pas aussi nécessaires à des élèves français, mais qui permettraient à nos camarades américains d'acquérir rapidement les qualités personnelles que les siècles seulement ont pu donner à nos artistes des grandes époques.*

Cette meilleure connaissance de l'Amérique au point de vue de l'architecture est précisément le but de ce livre et je suis heureux que cette critique ait été faite, parce qu'elle en confirme l'utilité.

Les divers exemples montrés ici ont été classés, non pas suivant l'ordre d'un ouvrage de théorie de l'architecture dont nous n'aurions que faire, mais uniquement pour *mettre en valeur les points typiques de l'architecture aux Etats-Unis,* dans les manifestations les plus marquantes de la vie du pays.

C'est pourquoi, après un exposé très succinct de l'histoire de l'architecture depuis la période de colonisation jusqu'à la période contemporaine, je montre tout d'abord, dans l'architecture de nos jours, celle du *home,* qui est l'image exacte et attrayante de la vie de famille de l'autre côté de l'Atlantique.

Nous connaissons tous quelques livres qui nous dépeignent une Amérique de *Transatlantiques,* de *Maîtres de la Mer,* ou d'*Oncles d'Amérique* de fable. Ces œuvres d'imagination n'ont servi qu'à éloigner de nous encore un peu davantage l'autre rive de l'Océan. Et il est bien naturel que nous ayons quelque appréhension sur le goût et l'art d'*Outremer* tels que nous les montre l'Académie Française.

Pour redresser cette erreur, il m'a semblé que la *photographie* serait le meilleur argument. Faire comprendre, par des réalités, que l'Américain, riche ou pauvre, a un foyer; montrer, par les détails de sa maison, comment il vit : le voilà présenté dans son vrai cadre et il n'en faut pas plus pour le rendre déjà sympathique.

Son hospitalité est simple et franche; sa maison le lui permet, car elle est presque toujours confortable, saine, gaie et accueillante. Elle est la nécessaire détente de sa dure journée de travail ; il y puise les forces réparatrices et l'énergie du lendemain.

D'excellents moyens de transport, nombreux et rapides, lui permettent de vivre hors de la ville; sa maison ne va donc pas sans un *jardin.* Modeste ou pompeux, suivant sa fortune, son jardin est pour lui moins un luxe qu'une nécessité logique.

La femme, la vraie Américaine, la mère de famille, celle dont nous avons vu par millions les fils solides et beaux, la femme tient le grand rôle dans l'arrangement de la maison et du jardin. C'est vrai chez nous, mais plus encore en Amérique, où l'homme a moins de temps et moins d'occasions que nous autres pour développer sa culture générale. Sa femme y supplée ; elle prend son rôle tout à fait au sérieux ; elle achète des livres, acquiert la compétence suffisante pour discuter avec l'architecte les plans de la maison et du jardin.

L'architecte apprend, en plus de son art, à être patient et accepte galamment cette collaboration. Le mari paye.

La maison n'est pas toujours à la campagne. Dans certaines grandes villes, des quartiers neufs, très ventilés, situés généralement près de vastes réservoirs d'air (parcs ou rivières), se sont élevés et peuplés de grandes maisons à appartements. On en verra les caractères principaux.

Quelques exemples de *résidences de ville* (hôtels particuliers) montreront leur disposition intérieure, de préférence aux extérieurs qui sont souvent très semblables à nos vieux hôtels français, lorsqu'ils ne rappellent pas quelque palais italien.

Enfin, les *maisons ouvrières*, les groupes de *maisons individuelles* et les *cités-jardins* que j'ai rattachées à l'étude de l'habitation, présentent certaines qualités où nous trouverons des enseignements de grande utilité pour la tâche immense de nos travaux de reconstruction.

De même, la vie agricole aux Etats-Unis, par le développement formidable et relativement récent qu'elle y a pris, se montre sous un aspect très différent de ce qu'elle est chez nous. L'architecture agricole l'exprime parfaitement.

Utilitaire, à grand rendement, ou simplement de plaisance, la *farm*, tout en étant organisée suivant les derniers perfectionnements de la construction ou du matériel, garde souvent un charme très pittoresque, simplement par l'expression vraie du programme ; pittoresque sans pastiche et sans éléments surannés, plus décoratifs qu'utiles. Passable pour une maison de plaisance, le faux pittoresque n'est-il pas simplement ridicule pour une construction comme une étable ou un moulin ?

Nous savons tous, en France, que les Américains passent leur vie à voyager, au point d'en égayer nos vaudevilles et nos revues. L'*hôtel* joue donc un rôle énorme dans leur vie. Son arrangement atteint à un degré de raffinement qui n'est connu chez nous que dans les maisons les plus chères.

Sans chercher à changer nos habitudes, nous pourrions sans difficulté faire quelques progrès dans cette voie et donner aux voyageurs qui viennent admirer la France une hospitalité plus confortable qui se traduirait par un plus grand bénéfice pour toutes nos villes de tourisme.

Si l'hôtel est, après la maison, le programme le plus essentiel pour l'architecte américain, ce qu'il étudie ensuite avec le plus d'amour est le *club*, car le club est encore une partie du home pour l'homme d'affaires. Comme il habite en général trop loin du centre de la ville pour revenir déjeûner chez lui, il trouve, entre les heures de travail du matin et de l'après-midi, un moment de repos et de distraction à son club, situé très souvent dans l'immeuble de son bureau. Nos cercles

français n'ont rien de commun avec le club américain, et ce n'est pas à nos architectes qu'il faut s'en prendre, mais bien plutôt à notre manière de vivre, et si, de
ce fait, nous sommes privés d'avoir de beaux clubs, nous avons, par contre, l'avantage de passer peut-être plus de temps en famille, et je me contente de montrer les
grands clubs américains, sans désirer pour cela les transporter en France.

Il y a cependant un genre de club qu'on aimerait à trouver chez nous : c'est
le club de campagne, utilisé soit pour les parties de chasse, soit pour les parties de
golf, soit simplement pour les promeneurs. Tout le monde, dans le voisinage, est
membre de ce club ; point d'addition salée ; point de lutte avec le gargottier ; point
de voisinage désagréable ; grand parc ; aucun des ennuis de l'hôtel, où le besoin
de bénéfices réduit l'espace et multiplie les chambres.

Avec la variété infinie et le charme de nos paysages, nous devrions avoir en
France des centaines de clubs de campagne, et notre pays n'y perdrait rien, loin de là…

5. Eglise moravienne ancienne à Bethléem (Penzylvanie).

APERÇU HISTORIQUE

PÉRIODE ANCIENNE

L'Architecture de style « Colonial »

6. *Hôtel de ville de New-York.*
Vue perspective.

'IMMENSE territoire des Etats-Unis n'a pas gardé, malheureusement, de traces suffisantes de l'architecture des Indiens pour qu'il soit intéressant d'en parler, même à un point de vue historique. Au point de vue ethnographique, les musées nous montrent encore de curieux vestiges de l'habitation, de l'art du mobilier ou du costume ; mais le cadre de cette étude ne permet de montrer l'architecture des siècles passés que dans ses influences sur les œuvres modernes.

Ces influences sont de deux natures : influence de l'architecture des colons anglais *(Colonial Style),* principalement dans les villes de la côte est, du Canada à la Géorgie ; influence de l'architecture des missions espagnoles *(Mission Style),* dans les régions de l'ouest et du sud.

D'autres influences, passagères et exceptionnelles, sont dues soit à l'architecture allemande (illustration 5), dans les centres où les colons allemands sont venus s'établir en nombre suffisant (Moraviens de Pensylvanie), soit à des colons hollandais, soit enfin à des colons français. En ce qui concerne l'influence française, pour les monuments d'un caractère officiel, où la recherche de l'art a dominé, personne ne s'étonnera qu'on ait souvent fait appel à des Français, — que ce soient le Major L'ENFANT, appelé par George WASHINGTON à faire les plans de la Cité Fédérale dont on termine actuellement l'exécution (voir tome second), ou Jacques RAMÉE, pour l'Université de Virginie, en 1813, ou encore Joseph MANGIN, pour l'Hôtel-de-Ville de New-York (illustrations 6 à 11), — les Français ont toujours eu la première place dans les grandes créations monumentales, aux Etats-Unis comme dans les autres pays.

Dans l'ensemble, les exemples, plus nombreux, qui subsistent de l'architecture des colons anglais rappellent naturellement les villes d'Angleterre. Boston, qui

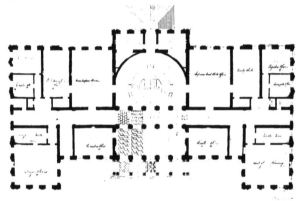

Projet de l'architecte français Mangin, construit par McComb (1803).

7. *Hôtel de Ville de New-York.* — Plan du rez-de-chaussée.

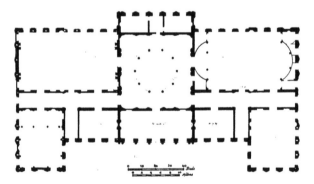

Projet de l'architecte français Mangin, construit par McComb (1803)

8. *Hôtel de Ville de New-York.* — Plan du 1ᵉʳ étage.

Projet de l'architecte français Mangin, construit par McComb (1803).

9. *Hôtel de Ville de New-York.* — Façade.

Projet de l'architecte français Mangin, construit par McComb (1803).

10. *Hôtel de Ville de New-York.* — Coupe.

est resté, à peu près, dans son caractère primitif, malgré son rapide développement, et qui est une des rares villes américaines dont le plan ne soit pas rectangulaire, Boston donne réellement l'impression d'une vieille ville anglaise.

Le caractère principal de cette architecture coloniale est la brique apparente, avec les éléments décoratif en bois, d'une étude générale très fine, avec une

11. *Hôtel de Ville de New-York.* — Vue intérieure de la Rotonde.

profusion de colonnes grêles, et des frontons percés de fenêtres. Tous les bois sont peints en blanc.

Ces constructions, généralement bien encadrées dans la verdure d'un vieux jardin aux treilles chancelantes, ne manquent ni de charme ni d'originalité. Elles ont d'ailleurs servi de base à de nombreuses productions modernes de l'architecture américaine, et ces réminiscences sont parfois fort heureuses.

Thomas JEFFERSON, au début du XVIIIe siècle, a laissé, à l'Université de Virginie et dans toute la région de Washington, des exemples d'une architecture forte et bien en harmonie avec le paysage et le climat (illustrations 18, 19, 20).

Le Capitole de Washington, dont les Américains sont si fiers à juste titre et qui semble être le cœur de leur grande nation, a grandi sous l'œil de Washington et de Jefferson, depuis le projet initial d'un Français nommé Hallet, en 1792, modifié et considérablement amélioré par les Américains Thornton, Latrobe et Bulfinch. Plus tard, en 1850, Robert Mills, Thomas Walter, ajoutèrent les ailes, le dôme central et la bibliothèque, et le monument prit sa forme à peu près définitive au moment de la guerre civile, en 1865. Ce monument est trop connu de tous pour qu'il soit nécessaire d'en répéter l'image. Il est surtout un symbole, et son analyse architecturale a été faite d'une façon très complète dans un ouvrage de

11. *Ancien State House de Philadelphie, devenu l'Independence Hall.*

Glenn Brown, F. A. I. A. : « L'Histoire du Capitole des Etats-Unis », auquel j'ai emprunté ces quelques renseignements.

A part ces monuments exceptionnels, nés, comme la ville même de Washington, de la grande révolution, les exemples sont rares de monuments publics construits pendant la période coloniale ou de l'établissement de l'Indépendance. La plupart des édifices construits par les Anglais pour l'administration de leur colonie étaient de petites constructions, comme le State House de Boston (illustration 16) ou celui de Philadelphie, où le Gouverneur avait ses quelques bureaux. La révolution en a fait, comme à Philadelphie, par exemple, des reliques des premières luttes de la libération, le State House ayant été le berceau de l'Indépendance et le lieu de réunion du premier Congrès de la République (illustration 12).

Quelques bâtiments construits par des corporations d'artisans ou de commerçants, comme le Hall des Charpentiers à Philadelphie, ou Faneuil Hall (illustration 17) — construction française —, à Boston, datent du commencement de l'activité économique. Beaucoup ont été abattus pour faire place à des gratteciel ; mais fort heureusement, des sociétés archéologiques se sont créées récem-

13. Porche d'entrée de Carrol Mansion, à Homewood, Baltimore.

ment et conservent jalousement ces quelques vestiges qui prouvent le passé de la nation.

Les églises de la période ancienne nous apportent un peu du charme des vieilles villes d'Angleterre ; construites au cœur même des cités, elles sont maintenant dominées de très haut par les immeubles de commerce qui les environnent : du Telegraph Building, à New-York, on peut voir, comme en ballon, le plan des toitures de la vieille et gracieuse St Paul's Chapel (illustration 15).

A Philadelphie, la Christ Church est heureusement dans une rue dont la hauteur des maisons est restée normale et son élégante silhouette n'est pas perdue.

Jance et le

u de com-
Ha: (illus-
mencement
des gratte-
tes récem-

14. *Christ Church, Boston.*

McBean, architecte.

15. *St Paul's Chapel, Broadway, New-York.*

t le passé

harme des
nt mainte-
tronnent :
: plan des

e dont la
s perdue.

16. *Ancien State House du gouverneur anglais, à Boston.*

17. *Faneuil Hall, ancien bâtiment français.*

Thomas Jefferson, architecte.

18. *Université de Virginie, à Charlottesville.* — Vue de la bibliothèque.

Thomas Jefferson, architecte.

19 *Monticello, Charlottesville (Virginie).* — Intérieur du Hall.

20. *Université de Virginie, à Charlottesville.* — Maisons de professeurs.
Thomas Jefferson, architecte.

21. *Type d'intérieur « Colonial », à Hampstead (Virginie).*

A Boston, de même, les vieilles rues de la cité et le Common ont conservé leurs églises aux murs couverts de lierre (illustration 14).

On a gardé plus facilement les édifices du culte que les constructions particulières ; mais en fouillant certains quartiers anciens des villes américaines, on est heureux de voir qu'il est encore temps de sauvegarder les jolis exemples de l'architecture passée, et ce n'est nullement un paradoxe de penser qu'il existe à Philadelphie comme à Boston, à Baltimore aussi bien qu'à Richmond, des sociétés archéologiques comme celle du Vieux Paris.

22. *Décoration de treillage dans un jardin ancien, Salem (Massachussetts).*

L'Architecture des Missions Espagnoles

23. *Eglise ancienne à San Antonio (Texas).*

Dès qu'on dépasse la Géorgie, vers le sud, ou qu'on approche du Pacifique, vers l'ouest, apparaît l'architecture espagnole. Le climat, moins rigoureux en hiver, et surtout l'influence des missions catholiques venues des colonies espagnoles, ont été les causes de cette architecture si différente du « Colonial ». Les « Missions » ont laissé de merveilleux plans de couvents, de cloîtres, à Saint-Augustine, en Floride, et surtout à San Antonio (Texas), comme dans toute la Californie.

L'histoire et la langue de ces régions voisines du Mexique expliquent d'ailleurs, mieux que toute considération, les traces de la colonisation espagnole. Malheureusement, à l'envahissement du progrès, le tremblement de terre a souvent ajouté ses destructions ; mais l'architecture moderne, dans ces régions, est très influencée par les exemples du passé et reconstituera peu à peu un régionalisme très désirable, en raison de la différence de flore et de climat.

Une étude de ce style des Missions espagnoles, pour être complète, devrait être liée à celle de l'architecture au Mexique, et je n'en ai donné dans ce livre que deux ou trois exemples, afin de les signaler simplement. Elle n'a, d'ailleurs, qu'un intérêt indirect pour le but que je me suis fixé : *l'architecture aux Etats-Unis dans la relation qu'elle peut avoir avec l'architecture de notre pays*, comme *conséquences* et comme *action réciproque*.

Il existe des ouvrages très complets, aussi bien sur l'architecture coloniale (Georgian ou Adams' Style), que sur l'architecture espagnole (Mission Style). Ces documents n'ont pas seulement un intérêt historique, mais ils sont, pour les architectes américains, le complément utile de leur merveilleuse documentation sur l'architecture européenne ; et n'est-ce pas grâce à la diffusion de l'ancienne architecture régionale de chaque pays qu'on peut parvenir à continuer les traditions et le caractère de l'art de ce pays ?

Il est très utile de joindre à la connaissance des grandes époques de l'architecture italienne ou française celle des productions parfois moins brillantes, mais

24. *Eglise San Jose, à San Antonio (Texas).*

plus personnelles, des artistes du pays. Si on a reproché — peut-être avec raison —
aux architectes américains d'avoir transporté chez eux l'architecture de l'Europe, il
faut dire, en outre, à leur défense, que cette adaptation correspondait parfaitement à
l'état de formation de la nation américaine, composée elle-même d'éléments européens, et si maintenant
l'architecture améri-
caine commence à re-
prendre sa personnalité,
c'est que l'esprit natio-
nal a pu se cristalliser
d'une façon définitive.

25. *Eglise de la Mission Concepcion, à San Antonio (Texas).*

PÉRIODE DE TRANSITION

Le milieu du XIXᵉ siècle a été, pour les Etats-Unis, une période de croissance rapide. Les œuvres d'art n'existent que comme des exceptions et, parmi les nombreux architectes qui ont bâti ces blocs juxtaposés du nord au sud et de l'est à l'ouest, dans presque toutes les grandes villes poussant par enchantement, un nom domine tous les autres par l'influence forte qu'il a laissée dans ses œuvres et dans son école :

H. H. Richardson, architecté.

26. *Eglise de la Trinité, Boston.* — Façade.

c'est H.-H RICHARDSON. Impressionné par l'art roman, il en a appliqué les principes à tous les problèmes qu'il eut à résoudre, que ce soient des églises (illustrations 26 et 27), des hôtels de ville (illustrations 28 et 29), des villas ou des écoles (illustration 30); plusieurs exemples de son talent sont réellement de très belles adaptations modernisées, des principes et des formes de l'art roman. Il a cherché, par le matériau et la logique de son emploi, à faire une architecture expressive, à laquelle on ne peut reprocher parfois qu'un peu de rudesse.

Son école, malheureusement, a laissé des traces d'une architecture lourde, monotone et trop décorée, où l'abus du grès rouge et la répétition des mêmes façades ont donné à certaines villes américaines une réputation de tendance allemande qu'on a, quelquefois, malheureusement étendue à toute l'architecture des Etats-Unis, pour l'avoir insuffisamment étudiée.

De cette période, comme des périodes coloniales ou des Missions espagnoles, nous n'avons à retenir que l'intérêt historique ; mais c'est seulement dans l'étude de l'architecture postérieure à 1890 que nous constatons la parenté, *et par conséquent le grand intérêt pour nous,* de l'architecture américaine avec la nôtre.

27. *Eglise de la Trinité, Boston.* — Détail du porche de Galilée.

PÉRIODE CONTEMPORAINE

Les architectes américains considèrent que leur art a évolué considérablement lorsque leur grand maître, D.-H. Burnham, a composé l'ensemble de l'Exposition Universelle de Chicago, en 1893.

Les Etats-Unis étaient, à ce moment-là, couverts de cette architecture néo-romane de l'école de Richardson. A l'exposition de Chicago, de grandes perspectives d'allure classique, de belles ordonnances rappelant les ensembles de la Rome antique, avec cependant quelques alourdissements de sculpture moderne, donnèrent une impression de soulagement et de clarté ; avec ardeur, les architectes américains s'adonnèrent à l'étude de cet art qu'ils connaissaient, mais qu'ils n'avaient pas encore pensé à adapter à leurs besoins. Ils entreprirent alors de voyager pour ramener d'Europe

29. *Hôtel de Ville d'Albany.*

28. *Mairie de North Easton (Massachusetts).*

spagnoles,
ans l'étude
sonatiquent

érablement
'Exposition

ecture néo-
perspectives
me antique,
ent une im-
ins s'adon-
icore pensé
d'Europe

tout ce qui pouvait contribuer à la renaissance de leur art. On peut donc dire que l'Exposition de Chicago a été indirectement la cause du *succès grandissant de notre Ecole des Beaux-Arts auprès des étudiants américains.*

30. *Austin Hall, Ecole de Droit de Harvard, Cambridge (Massachussetts).* — Détail de porche.

L'Italie les a attirés plus que jamais; mais ils n'y ont trouvé que l'enseignement du voyage. Même en Angleterre, dont leur architecture domestique procède très généralement, ils n'ont fait que de courts séjours; leur éducation solide vient uniquement de Paris.

ÉTUDE ANALYTIQUE

I.

HABITATIONS PARTICULIÈRES

Dans ce premier chapitre, consacré à *l'architecture du home,* parce qu'elle tient, aux Etats-Unis, la place la plus importante, on ne trouvera pas une preuve absolue de l'influence française, le home étant un programme trop individualiste, où le client influence parfois de son caprice les tendances de l'architecte ; mais dans tous les autres, où l'architecte est en face d'un problème général, la prédominance de l'enseignement français s'affirme.

31. *Maison de M. X..*

John Russell Pope, architecte.

La maison d'habitation, définie déjà dans l'introduction comme l'expression de la vie de famille de l'Américain, nous montrera donc la diversité d'origines, de goûts et les qualités ou même les défauts de son occupant. Qu'elle prenne l'aspect d'un vieux manoir d'Angleterre, d'une villa comme nous en admirons dans le nord de l'Italie, d'un castel de silhouette française ou d'une bastide entourée de beaux arbres, la demeure de l'Américain nous attire d'abord par son heureuse situation dans la verdure.

H. T. Lindeberg, architecte.

32. *Maison de Clyde M. Carr, Esq., Lake Forest (Illinois).*

Maisons de campagne

J'ai donc classé la maison d'habitation avant toute autre œuvre d'architecture, parce que c'est d'elle évidemment que se dégagent le plus de leçons pour nous.

Le plan de la maison américaine donne, au premier coup d'œil, une impression d'aimable hospitalité : larges baies faisant communiquer toutes les pièces,

33. Plan du 1er étage.

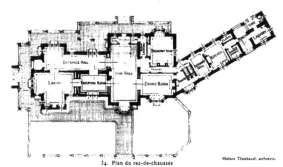

34. Plan du rez-de-chaussée

Maison de George Elkins, Esq , Elkins Park (Pensylvanie)

portes à coulisses disparaissant dans l'épaisseur des murs, permettant la grande réception ou l'intimité de la vie de famille, sans qu'on en ressente la moindre gène.

Le hall, montant de fond généralement, se compose avec l'escalier largement ouvert sur lui. La bibliothèque et le salon de musique sont les pièces dont on fait le plus fréquent usage. (Illustrations 33 et 34).

Viennent ensuite deux éléments que nous connaissons peu en France : le *Sun Room* (illustration 58) sorte de salon qui devient une loggia par la simple

35. *Maison de George Elkins, Esq., Elkins Park (Pensylvanie).* — Vue de la maison.

Horace Trumbauer, architecte.

disparition des vitres, et le *Dining Porch,* ou salle à manger ouverte, où l'on jouit, en dînant, des belles soirées de fin d'été (illustration 51).

Certains raffinés ajoutent encore le *Breakfast Room* (illustration 61), petite salle à manger où l'on déguste le premier déjeûner que l'on commence avec des fruits et du poisson et qu'on termine par une côtelette et une tasse de café, tout en entendant, par les baies ouvertes de trois côtés, le chant des oiseaux et des fontaines.

Charles A. Platt, architecte.

36. *Gwinn, propriété de William G. Mather, Esq.,* Cleveland (Ohio).
Terrasse sur le lac.

Il ne faudrait pas croire que ces joies sont réservées aux millionnaires seuls ; *certaines maisons très modestes sont organisées pour jouir de leur petit jardin* tout aussi bien que les grandes (illustrations 145 à 150).

Enfin, une chambre à coucher, avec salle de bain, est presque toujours disposée au rez-de-chaussée pour l'hôte qu'on garde à l'improviste après dîner et qui n'est pas assez intime pour être invité à l'étage où sont les chambres de la famille. Cette chambre, qu'on appelle généralement *Reception Room* (illustration 38), a l'avantage de permettre aux joueurs, après une longue partie de golf ou de tennis, de venir se changer confortablement.

Au premier étage, les chambres, et presque autant de salles de bains ayant toutes, ou à peu près, leurs W. C. (illustration 37).

37. Plan du 1er étage.

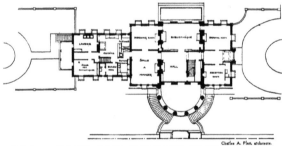

Charles A. Platt, architecte.
38. *Gwinn, propriété de William G. Mather, Esq., Cleveland (Ohio)* — Plan du rez-de-chaussée.

Un détail qui plairait beaucoup aux maîtresses de maisons, s'il leur arrivait de lire ces pages, est la *surface énorme occupée par les placards* (illustration 82). Chaque chambre a, dans son antichambre ou desservis par sa salle de bain, un, deux ou trois grands placards éclairés à l'électricité et ripolinés, *dans lesquels on peut circuler* et autour desquels penderies, tablettes et tiroirs sont disposés pour les différents articles de la toilette. Ces placards sont souvent combinés de telle manière

Pl. III

MAISON DE WILLIAM G. MATHER, ESQ.
Vue prise du lac Erié

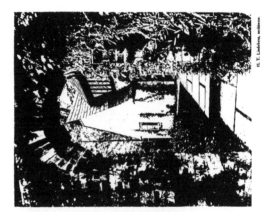

H. T. Lindeberg, architecte.

40-41. *Maison de Clyde M. Carr, Esq., Lake Forest (Illinois).* — 2 détails de portes.

H T. Lindeberg, architecte.

42. *Maison de Clyde M. Carr, Esq., Lake Forest (Illinois).*

H. T. Lindeberg, architecte.

43-44. *Maison de Frederick Lutt, Esq., Oyster Bay (Long Island).* — Vue de 2 pignons.

que leurs portes, munies de grandes glaces, puissent, en se développant, donner les trois miroirs si précieux pour la toilette des dames.

La salle de bain est un chef-d'œuvre : baignoire basse qui invite ; porte-serviette bien placé, où les peignoirs se trouvent chauffés pendant que vous prenez votre bain ; lavabo large ; tablette d'accessoires dont la distance est bien calculée pour qu'on ne se heurte pas le front pendant ses ablutions ; robinetterie d'un maniement rapide ; eau chaude sous pression, naturellement : le bain, en Amérique,

H. T. Lindeberg, architecte.

45. *Maison de Clyde M. Carr, Esq , Lake Forest (Illinois).* — Vue intérieure.

ne devient pas la longue cérémonie qu'il est souvent en France, car on ne connaît pas le chauffe-bain et ses caprices. Enfin, la présence d'un water-closet attenant à chaque salle de bain est une grande commodité.

Au-dessus de la tablette porte-accessoires qui surmonte le lavabo, ou trouve généralement une petite armoire en métal encastrée dans le mur, dont la porte sert de miroir et à l'intérieur de laquelle on peut placer tous les flacons utiles. Cette armoire peut fermer à clef, lorsqu'on y range des parfums de luxe.

Enfin, à côté de la tablette, un orifice ou il suffit d'introduire un fer à friser pour qu'il en sorte quelques secondes plus tard à la température désirée.

Dans beaucoup de maisons, on trouve sur sa toilette un robinet spécial d'eau glacée filtrée.

Tous ces détails sont compris en vue de *simplifier le service*. On sait, en effet, combien cette question est difficile et coûteuse aux Etats-Unis. Une grande maison

donner les

porte-ser-
vous prenez
m calculée
terie d'un
Amérique,
...

e connaît
tterant à

u trouve
porte sert
es. Cette

er à friser

cal d'eau

en effet,
s maison

46. *Maison de H. L. Batterman, Esq., Mill Neck (Long Island).*

H. T. Lindberg, architecte.

47. *Propriété de H. H. Rogers, Esq., Southampton (Long Island). — La maison vue du jardin*

48. *Propriété de H. H. Rogers Esq., Southampton (Long Island). — La maison vue de la roseraie.*

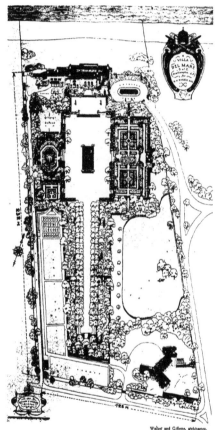

Walket and Gillette, architectes.

49. *Propriété de H. H. Rogers, Esq., Southampton (Long Island).*
Plan de la propriété.

Howard Shaw, architecte.

50. *Maison de George Pick, Esq., Highland Park, Chicago.* — Vue de la façade.

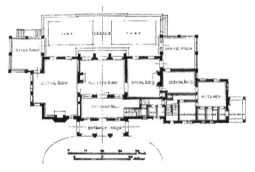

Howard Shaw, architecte

51. *Maison de George Pick, Esq., Highland Park, Chicago.* — Plan du rez-de-chaussée.

52. *Propriété de James A. Stillman, Esq., Pocantico Hills (New Jersey).* — Cottage du jardinier.

53. *Propriété de James A. Stillman, Esq., Pocantico Hills (New Jersey).* — Maison de M. Stillman.

y exige certainement moins de domestiques que la même maison en Europe.

Le chauffage des chambres et surtout des cabinets de toilette est généralement assuré par des radiateurs cachés de façon plus ou moins ingénieuse dans les

54. *Aile de service d'une maison de campagne, à Locust Valley.*

allèges. Cependant, il existe dans les grandes résidences un système de chauffage employé dans les hôtels, par batteries de radiateurs en cave, sur lesquels on fait passer un courant d'air filtré que l'on distribue ensuite dans les différentes pièces de l'habitation, après l'avoir chauffé et dosé de vapeur d'eau, et dont on règle l'intensité en tournant l'aiguille d'un thermostat sur le degré de température que l'on désire. C'est l'application du système mixte, avec tout le perfectionnement que comportent le réglage scientifique et l'épuration de l'air distribué dans la maison.

Les foyers des cheminées dans chaque chambre, ou les trémies de ventilation dans les closets et les salles de bains non munies de cheminées, enlèvent l'air vicié que remplace l'air pur distribué dans la maison. On peut donc *ventiler parfaitement* les pièces avec de l'air pris à l'extérieur et porté à la température que l'on désire, *sans jamais* ouvrir les fenêtres.

Indispensable dans les lieux d'habitation ou de travail situés au centre des villes poussiéreuses, ce système de chauffage devient un luxe dans la maison d'habitation située hors de la ville ; mais il se généralise de plus en plus, à cause de la perfection qu'il atteint.

. Les domestiques sont logés dans la maison, dans une aile généralement située

Walker and Gillette, architectes.

55. *Maison de H. P. Bingham, Esq.*, Cleveland (Ohio). — Porche d'entrée.

Walker and Gillette, architectes.

56. *Maison de H. P. Bingham, Esq., Cleveland (Ohio).* — Jardin couvert.

MAISON DE H. P. BINGHAM, ESQ.
Façade sur le jardin

Walker and Gillette, architectes.

Pl. V

Walker and Gillette, architectes.

MAISON DE H.P. BINGHAM, ESQ.
Sun Room

59. *Maison de H. P. Bingham, Esq., Cleveland (Ohio).* — Vue générale du hall.

Walker and Gillette, architectes.

60. *Maison de H. P. Bingham, Esq., Cleveland (Ohio). — L'escalier.*

Walker and Gillette, architectes.

61. *Maison de H. P. Bingham, Esq., Cleveland (Ohio).* — Breakfast room.

Walker and Gillette, architectes.

62. *Maison de H. P. Bingham, Esq., Cleveland (Ohio)* — Studio.

Walker and Gillette, architectes.

63. *Maison de H. P. Bingham, Esq., Cleveland (Ohio).* — Bibliothèque.

64. *Maison de H. P. Bingham, Esq.*, Cleveland *(Ohio)*. — Boudoir.

65. *Maison de H. P. Bingham, Esq.*, Cleveland *(Ohio)*. — Chambre d'ami.

Walker and Gillette, architectes.

66. *Maison de H. P. Bingham, Esq., Cleveland (Ohio). — Salle de jeux.*

Walker and Gillette, architectes.

67. *Maison de H. P. Bingham, Esq., Cleveland (Ohio). — Chambre d'enfant.*

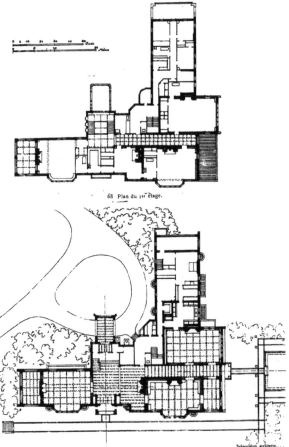

68 Plan du 1ᵉʳ étage.

69. *Maison de J. L. Severance, Esq., Cleveland (Ohio).* — Plan du rez-de-chaussée.

Schwinhart, architecte.

70. *Maison de J. L. Severance, Esq., Cleveland (Ohio). — Façade.*

71. *Maison de J. L. Severance, Esq., Cleveland (Ohio).* — L'escalier.

Schweinfurt, architecte.

71. *Maison de J. L. Severance, Esq., Cleveland (Ohio).* — L'escalier.

72. *Maison de J. L. Severance, Esq., Cleveland (Ohio).* — Le hall.

Schweinfurth, architecte.

Schweinfurt, architecte.

73. *Maison de J. L. Severance, Esq.*, Cleveland (Ohio). — Le salon.

Schweinfurt, architecte.

74. *Maison de J. L. Severance, Esq.*, Cleveland (Ohio) — La salle à manger.

Pl. VI

J. Ontheir, architecte.

MIRAMAR
Perspective des jardins

au-dessus des pièces de service du rez-de-chaussée, et leurs chambres sont accompagnées également de salles de bains, W. C. et placards.

La chambre de couture et le grand placard de lingerie, situés généralement près de la chambre de la majordome, donnent à cette partie de l'habitation une note d'ordre et de clarté qui semble bannir la négligence.

Les bons plans de maisons particulières combinent toujours ensemble les chambres de la famille elle-même et groupent, en leur donnant un dégagement

76. *Miramar, maison de Mrs Hamilton Rice, à Newport (Rhode Island).*
Plan général du jardin.

moins intime, les diverses chambres réservées aux hôtes. Près d'elles, généralement, une chambre ou deux sont réservées aux domestiques qui accompagnent ces hôtes.

Il ne faudrait pas terminer la description d'un de ces plans sans parler de la recherche avec laquelle sont étudiés les services de cuisine et office. Le maître d'hôtel est responsable de toute cette partie de la maison : il a le contrôle de la chambre forte d'argenterie, des armoires où sont rangés les services, de la cave, et doit en tenir une comptabilité.

La cuisine n'a rien qui puisse nous étonner car, dans les bonnes maisons, elle est française, depuis le chef jusqu'aux plus minutieux détails de l'installation.

Mais elle s'accompagne de tout un service de glacières, de chambres de refroidisse-
ment et d'offices savamment combinés, où la préparation et le lavage des plats ne
sont jamais confondus.

La salle à manger des domestiques, le bureau — que je pourrais presque

77 Plan du 1ᵉʳ étage.

Horace Trumbauer, architecte de la maison   J. Gréber, architecte des jardins.
78. *Miramar, maison de Mrs Hamilton Rice, a Newport (Rhode Island)* — Plan du rez-de-chaussée.

appeler l'économat — et le porche d'attente des fournisseurs complètent ce groupe
de services annexes de la cuisine.

Il y a enfin une sorte d'office, qui n'est connu qu'en Amérique et qui s'appelle
la *Chambre des Fleurs*. Dans certaines maisons, elle fait partie des pièces de service,

Horace Trumbauer, architecte de la maison.   J. Gréber, architecte des jardins.
79. *Miramar, maison de Mrs Hamilton Rice, à Newport (Rhode Island).* — Vue transversale du jardin.

Horace Trumbauer, architecte de la maison.   J. Gréber, architecte des jardins.
80. *Miramar, maison de Mrs Hamilton Rice, à Newport (Rhode Island).* — Façade sur le jardin.

TIMBERLINE, BRYN. MAWR. PA

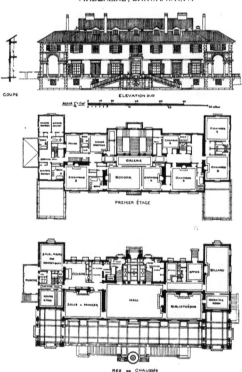

Charles A. Platt, architecte.

81-82-83. *Timberline, Bryn Mawr (Pensylvanie)* — Façade et plans.

84. *Timberline, Bryn Mawr (Pensylvanie)*. — Façade sur le jardin.
Charles A. Platt, architecte.

85. *Timberline, Bryn Mawr (Pensylvanie)*. — Vue du Hall.
Charles A. Platt, architecte.

mais n'est pas confondue avec l'office qui dessert la salle à manger, car son attirail
n'a rien à voir avec la vaisselle. Dans certaines autres maisons — et c'est peut-être
ce qu'il y a de plus intéressant dans ce détail·—, cette chambre des fleurs n'est pas
loin des pièces de réception, car c'est la maîtresse de maison elle-même qui donne
la dernière touche à la préparation des vases. Le jardinier apporte les gerbes, des
bassins spéciaux leur sont préparés ; des armoires servent à ranger les divers porte-
fleurs. Cette pièce est vraiment une curiosité de la grande maison américaine.

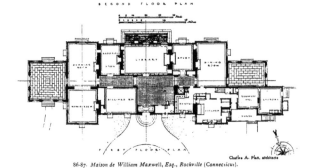

86-87. *Maison de William Maxwell, Esq., Rockville (Connecticut).*

Une habitude qui se généralise dans les maisons d'une certaine importance
est celle de l'*orgue*. Orgues électriques de différentes marques, dont la construction
est étudiée en même temps que celle de la maison, afin d'éviter les réfections coû-
teuses lors de leur installation, ces instruments donnent lieu à l'étude d'un grand
salon ou d'une partie du hall réservés comme salle de musique. Les tuyaux d'émis-
sion sont cachés derrière une tribune richement décorée de claustra, dans l'esprit
des moucharabiés (illustration 105), ou simplement derrière une somptueuse
tapisserie. Cette disposition (illustration 72) est extrêmement heureuse au point

88. Maison de William Maxwell, Esq., Rockville (Connecticut). — Vue de la maison.

Charles A. Platt, architecte.

de vue de l'acoustique, bien qu'elle soit plus coûteuse que la plus riche menuiserie.

La décoration intérieure de beaucoup de maisons est souvent étudiée pour l'emploi d'objets d'art anciens ; il y a même à New-York une résidence des plus somptueuses dont le point de départ a été un patio de marbre venant d'Espagne. Toute la maison a été combinée autour de ce patio ; chacune des pièces de réception

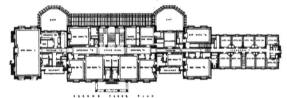

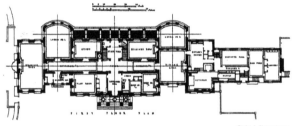

Charles A. Platt, architecte.

89-90 *Manor Home, maison de J. T. Pratt, Esq., Glencove (Long Island).*

de cette maison est devenue elle-même un programme. La salle à manger a dû être composée pour l'emploi d'une façade en pan de bois du XVᵉ siècle, qui en décore l'extrémité et en a fixé les proportions, comme le patio qui forme le hall avait fixé le plan de l'habitation. Quand il sera permis de publier cette demeure, elle fera à elle seule un très beau livre ; mais, parmi les autres intérieurs qui ont été aimablement prêtés pour cette étude, on peut voir le rôle important que joue dans la décoration l'emploi des objets d'art.

Beaucoup d'amateurs avaient autrefois leur collection de tableaux ou de bibelots rares réunie en une galerie, sorte de petit musée indépendant de l'habitation elle-même qui, souvent, était meublée et décorée un peu commercialement et qu'ils ont transformée depuis, en faisant de leur collection le mobilier lui-même. Quand leur goût ou leurs conseils sont éclairés, ces heureux mortels ont des maisons

Pl. VII

MAISON DE J. T. PRATT, ESQ.
Façade

Horace Trumbauer, architecte.

92. *Maison de M. Berwind, Newport (Rhode Island).*

Guy Lowell, architecte.

93. *Résidence de Clarence H. Mackay, Esq., Roslyn (Long Island).* — Avenue d'entrée.

exquises qui n'ont rien de la froideur d'un musée ou de la prétention d'un palais trop richement décoré.

Il y a même, dans cet amour du bibelot ancien, lorsqu'il est bien encadré, *une directive pour le décorateur moderne,* qui fixe ses harmonies de lignes ou de coloration, et ce n'est pas un paradoxe de soutenir que l'art moderne se développera plus sainement au contact et au mélange avec des œuvres anciennes. La décoration toute moderne de notre musée Rodin est une preuve bien française que la tradition peut être maintenue et *rénovée* sans plagiat.

J. Gréber, architecte.

94. Plan des jardins à la française.

Il est difficile de faire un chapitre spécial pour le jardin accompagnant la maison américaine, située, comme on sait, en dehors de la ville pour la plupart des cas.

Le jardin est une partie intégrante du home américain. Il est parfois très simple : quelques fleurs vivaces sur une pelouse entourée de troènes ou de quelques conifères : il est, comme l'automobile, une conséquence nécessaire de la vie intense que mène l'Américain. De 9 heures du matin à 5 heures du soir, il travaille dans son grand immeuble presque sans arrêter ; il change d'étage une

95. *Résidence de Clarence H. Mackay, Esq., Roslyn (Long Island).* — Vue du hall.

McKim, Mead and White, architectes.

96. *Résidence de Clarence H. Mackay, Esq., Roslyn (Long Island).* — La ferme.

McKim, Mead and White, architectes.

Pl. VIII

J. Gréber, architecte.

HARBOUR HILL
Perspective des jardins à la française

98. *Résidence de Clarence H. Mackay, Esq., Roslyn (Long Island).* — Façade du pavillon des sports.

McKim, Mead and White, architectes.

McKim, Mead and White, architectes.

99. *Résidence de Clarence H. Mackay, Esq., Roslyn (Long Island).* — Le jeu de paume.

McKim, Mead and White, architectes.

100. *Résidence de Clarence H. Mackay, Esq., Roslyn (Long Island).* — Piscine.

Bertram Grosvenor Goodhue, architecte.

101. *Maison de J. E. Aldred, Esq., Locust Valley (Long Island)*. — Un coin du jardin.

102. Façade sur la cour.

103. Plan du rez-de-chaussée.

Bertram Grosvenor Goodhue, architecte.

104. *Maison de J. E. Aldred, Esq., Locust Valley (Long Island)* — Façade sur le jardin.

Pl. IX

105

Bertram G. Goodhue, architecte.

MAISON DE J.E. ALDRÆD, ESQ.
Le Grand Hall et l'Orgue

106. — Terrasse d'une maison de campagne.

Wilson Eyre and McIlvaine, architectes.

Wilson Eyre and McIlvaine, architectes.

107. *Maison de John W. Pepper, Esq., Jenkintown (Pensylvanie).* — Vue du hall.

Garden at the Residence of E. T. Stotesbury, Esq., Chestnut Hills, Pa. Philadelphia, 1916.
with the Tulip Poplar returning in bloom.

108. Perspective des jardins en cours d'exécution.

109. *Residence de E. T. Stotesbury, Esq*, Chestnut Hill (*Pensylvanie*). — Jardins d'attente.

demi-heure pour prendre un lunch rapide ; avant 6 heures, il est chez lui, soit
grâce aux nombreux trains et tramways qui l'y mènent, soit grâce à sa « Ford » peu
fière, mais solide. Il lui faut donc un garage qui n'est souvent qu'un hangar de
planches couvert en papier goudronné ; il lui faut aussi un jardin où sa femme
s'ingénie à faire paraître un peu de gaîté.

Ce même besoin existe à toutes les échelles de la société. On verra, dans le
chapitre qui va suivre, comment les groupes d'habitations modestes s'encadrent de
verdure et de fleurs, et, dans cette étude, consacrée à la maison particulière, quelques
exemples de jardins atteignant parfois l'ampleur de nos grands parcs des siècles
passés (illustrations 94, 108, 110, 113, 116 à 120).

Il y a en Amérique actuellement une tendance heureuse à comprendre le
jardin suivant son vrai but : *cadre de la maison*. Si cette maison est un palais, le
jardin ne peut être un simple champ, et si ce palais a été étudié dans un style carac-
térisé, le jardin doit nécessairement continuer autour de la maison les lignes et les

William Welles Bosworth, architecte.

110. *Propriété de John D. Rockefeller, Pocantico Hills (New-York)* — Plan général des jardins.

William Welles Bosworth, architecte.

111. *Propriété de John D. Rockefeller, Pocantillo Hills (New-York).* — Détail du pavillon de thé.

William Wallee Bosworth, architecte.

112. *Propriété de John D. Rockefeller, Pocantillo Hills (New-York).* — Intérieur du pavillon de thé.

harmonies de sa façade. Ainsi de grandes résidences, rappelant de loin le château de Maisons ou certaines compositions de BLONDEL ou de DE NEUFFORGE, et dont le cadre avait été négligé jusqu'ici, ont pu être dégagées et réellement mises en valeur par la transformation de leurs jardins dans un style correspondant à celui de la maison.

J. Gréber, architecte des jardins.

113. Vue de la maison après la transformation des jardins.

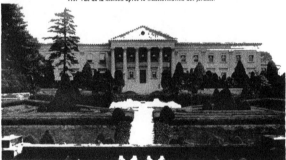

Horace Trumbauer, architecte de la maison

114. *Résidence de Joseph E. Widener, Esq.*, Elkins Park (Pensylvanie). — Vue de la maison avant la réfection des jardins.

A Newport, par exemple, la grande plage des millionnaires située près de Boston, sur une falaise harmonieusement découpée, de grandes maisons, répondant à la vie luxueuse qu'on y mène, mais en conflit avec le paysage, font un contraste

Pl. X

H. Gréber, statuaire.

JARDINS DE LYNNEWOOD HALL
Fontaine centrale

Horace Trumbauer, architecte de la maison.

J. Greber, architecte des jardins.

116. *Résidence de Joseph E. Widener, Esq., Elkins Park (Pensylvanie). — Jardin central.*

117. *Résidence de Joseph E. Widener, Esq., Elkins Park (Pensylvanie).* — Vertumne et Pomone.

J. Gréber, architecte des jardins.

118. *Résidence de Joseph E. Widener, Esq., Elkins Park (Pensylvanie).* — Détail de la roseraie.

119. *Résidence de Joseph E. Widener, Esq., Elkins Park (Pentsylvanie).* _ Flore et Zéphyre.

J. Gréber, architecte des jardins.

120. *Résidence de Joseph E. Widener, Esq., Elkins Park (Pentsylvanie).* _ Le parterre de l'Ouest.

Parker, Thomas and Rice, architectes.

121. *Maison de jardinier et garage à Beverley Farms (Massachussetts).*

Parker, Thomas and Rice, architectes.

122. *Propriété d'Oliver Ames, Esq., North Easton (Massachussetts).* — Maison de jardinier.

F. Burrall Hoffmann Jr and Paul Chalfin, architectes.

123. *Propriété de James Dearing, Esq., Miami (Floride).* — Façade sur l'Océan.

124. Plan du rez-de-chaussée.

encore plus choquant parce que les jardins pour encadrer ces vent, un entassement conifères et de masment une oasis condétail est charmant, maison et la rend dans son cadre trop

Il y a fort heubles petites résidenture rappelle les construites à l'époles jardins de style

avec leur voisinage, n'ont pas été étudiés maisons. Bien soud'arbres coûteux, de sifs de fleurs, forfuse dont chaque mais qui étouffe la presque ridicule serré.

reusement d'aimaces dont l'architecvieilles maisons que coloniale et dont anglais, avec leurs

roses grimpantes et leurs parterres de plantes herbacées, forment un ensemble plus modeste ; mais ce n'est pas à Newport qu'on les trouve ; c'est dans la banlieue des grandes villes où ces mêmes propriétaires de Newport vivent de leur vie familiale et poussent parfois jusqu'à un excès très louable la simplicité de leur résidence (illustration 52). La maison du maître est quelquefois tout aussi simple que celle du jardinier (illustration 53). Celui-ci n'est-il pas bien souvent le vrai propriétaire du domaine, dont le patron ne peut jouir qu'aux rares heures que son travail lui laisse ? Quand il prend des vacances, il s'en va bien loin, pour être sûr que son bureau ne

lui téléphonera pas, et pour cela, il fait construire un palais espagnol en Floride ou
en Californie (illustrations 123 à 128).

Certains jardins, en raison du style qui était imposé par la maison, ont été
étudiés pour l'emploi de nombreuses fontaines, et il est nécessaire de donner quelques détails sur leur construction (illustrations 97, 110 et 116). Toutes les fontaines

125. Plan du rez-de-chaussée.

Delano and Aldrich, architectes.

126. *Patio Bungalow, Santa Barbara (Californie)*. — Façade principale.

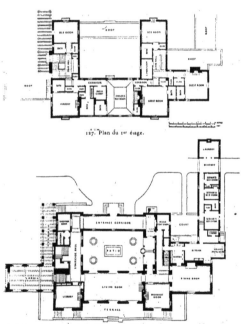

sont réunies par un tunnel qui permet le contrôle et la réparation de toutes les canalisations, sans bouleverser le sol. Ce tunnel part de la cave de la maison et suit l'axe
du jardin jusqu'à la grande fontaine centrale (illustration 115), en desservant les
fontaines latérales par des galeries transversales. Sous la fontaine centrale, une

127. Plan du 1er étage.

128. *Résidence de Henry Daier, Esq., Moniecillo (Californie).* — Plan du rez-de-chaussée.

chambre de pompes centrifuges donne la pression convenable pour chaque jet d'eau,
et l'eau revient des trop-pleins des bassins dans un réservoir circulaire situé sous la
chambre des pompes, où elle est refiltrée pour être employée à nouveau. Ce jardin
n'utilise comme eau de décoration et d'arrosage que l'eau de la canalisation muni-

129. *Résidence de Henry Dater, Esq., Montecito (Californie).* — Vue d'ensemble.

Bertram Grosvenor, architecte.

129. *Résidence de Henry Dater, Esq., Montecito (Californie).* — Vue d'ensemble.

Bertram Goodhue, architecte.

130. *Résidence de Henry Dater, Esq., Montecito (Californie).* — « Le Patio ».

Bertram Goodhue, architecte.

cipale. De cette façon, on ne doit remplacer que l'eau d'évaporation. Au bout d'un certain temps, on renouvelle la provision d'eau, pour qu'elle ne devienne pas sale.

Dans d'autres cas (illustration 97), le groupe des fontaines est réuni par une galerie et desservi toujours par le même système de pompes centrifuges et de réservoirs, mais n'est pas relié à la maison.

Ces dispositions permettent de contrôler les diverses fontaines et de les approvisionner d'eau sans avoir besoin d'utiliser un cours d'eau naturel.

Presque tous ces jardins sont munis de canalisations électriques permettant l'illumination temporaire ; lumière et jeu des eaux sont commandés électriquement de la maison par un tableau d'interrupteurs.

Hôtels particuliers

McKim, Mead and White, architectes
131. *Résidence de John Innes Kane, Esq , New-York.* — Vue extérieure.

ᴌ est vraiment impossible d'indiquer la limite entre la maison de campagne, telle que nous la définissons, et la maison d'habitation qui correspondrait chez nous à l'hôtel particulier, car l'hôtel particulier d'un Américain est bien souvent à la campagne ou situé dans un quartier de la ville qui ressemble à ce que nous appelons en France la banlieue. C'est un des grands charmes de la vie américaine.

132.

brir d'un
e pas sale,
m par une
t de réser-

et de les

permettant
riquement

la maison
son d'habi-
culier, car
campagne
e que nous
s charmes

Thomas Hastings, architecte.

HÔTEL DE THOMAS F. RYAN, ESQ.
Bibliothèque

133

New-York fait exception à la plupart des autres grandes cités. La ville est d'une forme spéciale, étranglée entre l'Hudson et la rivière de l'Est. Malgré ses tunnels et ses ponts qui la relient à New-Jersey et à Long-Island, New-York reste d'un accès difficile, étant donnée surtout la grande congestion de ses rues étroites. Il est donc nécessaire de ne pas habiter trop loin de ses affaires, et la plupart des new-yorkais ont leur hôtel particulier et leur appartement en ville. Les plus privilégiés y ajoutent une résidence de campagne dans New-Jersey ou dans Long-Island, où ils passent

Horace Trumbauer, architecte.

134. *Résidence de J. B Duke, Esq., New- York* — Vue sur la Cinquième Avenue.

plusieurs jours de la semaine, quand leurs affaires le leur permettent. Mais, dans les autres villes, l'appartement et l'hôtel particulier n'ont pas donné naissance à d'immenses quartiers, comme c'est le cas à New-York. Au contraire, dans ces villes, les *districts de résidences*, groupés loin des affaires, forment un ensemble de jardins et de grandes avenues qui s'ajoutent aux parcs publics et donnent des conditions d'hygiène excellentes pour la ville. Chicago, Philadelphie, Cleveland, Pittsburg, qui sont pourtant des villes enfumées, à cause de leur grande activité industrielle, pourraient nous servir d'exemple pour la *bonne distribution de leurs quartiers d'habitation*. Boston, à ce point de vue, est supérieur à toutes. Il suffit de traverser la Charles River pour trouver à Cambridge ou, à quelques minutes de Boston même, à Brookline, un charme de campagne que nous ne pouvons connaître aux environs de Paris qu'après trois quarts d'heure de chemin de fer ou d'automobile. Cela ne veut pas dire que ces villes n'aient pas encore beaucoup à faire pour améliorer les conditions d'hygiène de leurs *quartiers ouvriers*; mais on verra, dans le chapitre qui va suivre, les efforts considérables qui ont été faits dans ce sens.

De la maison de ville proprement dite, il y a moins à dire que de l'habitation normale de l'Américain, qui se trouve, comme on vient de le voir, plutôt une maison

135. Plan du rez-de-chaussée.

Horace Trumbauer, architecte.
136. *Résidence de J. B Duke, Esq , New-York.* — Plan du sous-sol.

de campagne qu'un hôtel particulier. Cependant, il serait regrettable de ne pas montrer au moins un exemple de ce qu'est l'hôtel particulier dans une ville comme New-York.

On y retrouve les dispositions pratiques et larges qui ont été décrites pour la maison de campagne; mais, en plus, une réception plus étudiée en vue de la vie mondaine.

Le sous-sol est organisé presque comme celui d'un hôtel, et l'on y voit l'importance que prennent les services, avec le bureau du majordome, les pièces réservées spécialement aux valets de chambre, au maître d'hôtel, aux valets de pied, au sommelier. La blanchisserie complète l'organisation bien comprise de tous ces services.

Au rez-de-chaussée, la note principale est le grand hall, dont l'escalier forme un motif de fond. Aux étages, même luxe de bains et de penderies spacieuses, aussi bien à l'étage des maîtres qu'à l'étage des serviteurs, dont le nombre montre l'importance de la maison.

137. Plan du 2me étage.

Horace Trumbauef, architecte.

138. *Résidence de J. B. Duke, Esq., New-York.* — Plan du 1er étage.

Des extérieurs, bien peu à dire, car la plupart de ces maisons sont de très belles copies de nos vieux hôtels de Paris ou de Bordeaux, lorsque ce ne sont pas des reproductions plus ou moins fidèles de nos châteaux de la Loire ou des palais de Florence. Il est certain que l'originalité et la grande variété qu'on a pu constater pour la maison située dans la verdure ne se retrouve plus dès qu'on rentre en ville.

Il en est de même pour les maisons d'appartements qui sont un peu la spécialité de New-York, et sont plus rares dans les autres villes, mais dont nous ne pouvons nous empêcher de constater l'aspect artificiel qu'elles donnent à la vie en appartement. En France, peut-être parce que nos maisons sont moins neuves, il est possible d'y voir un certain charme et d'y constituer un foyer. A New-York, il semble presque toujours que dans un appartement on est à l'hôtel. Cela ne tient pas au mobilier qui est parfois très beau, et le même qu'on aurait pu trouver dans une maison à la campagne; cela tient, sans doute, au plan de l'appartement lui-même, dans lequel se trouvent tous les raffinements et les commodités que vous donnerait une maison particulière, mais où la formule du home dans un seul étage n'a pas encore été trouvée. De plus, le nombre d'étages, généralement supérieur à 6, sans aller toutefois au-dessus de 12 ou 15, fait, malgré tout le talent de l'architecte, que sa maison ressemble un peu à une maison de commerce, sans pouvoir atteindre le grand caractère qu'ont parfois les immeubles gigantesques de 50 étages, où l'on sent l'expression même de la vie intense.

Ayant donc toujours en vue le but d'enseignement que peut avoir pour nous l'architecture moderne de l'Amérique, il ne m'a pas semblé utile de montrer aucune maison d'appartements. Il y aurait cependant à adapter chez nous, certaines commodités de service qu'on y rencontre.

Lorsqu'elle est conçue pour donner seulement les avantages de l'hôtel, tout en gardant l'intimité de l'appartement privé, elle est parfaite et très adaptable en France pour cet usage. On y trouve de belles chambres avec une salle de bains idéale, un salon et parfois une salle à manger et une petite cuisine où l'on prépare le déjeûner du matin ou toute autre collation. Les habitants de ces appartements sont supposés prendre leurs repas au restaurant, comme le font d'ailleurs presque tous les étrangers qui vivent à Paris. S'ils veulent rester ou recevoir chez eux, un service de restaurant est attaché à l'immeuble et leur donne tous les repas qu'ils peuvent désirer. Toujours la simplification du service.

Le chauffage, comme on l'a vu plus haut, y est autrement mieux compris que chez nous où l'on trouve encore beaucoup d'appartements dont l'antichambre seule est chauffée par le calorifère! C'est précisément la pièce où l'on peut mettre son chapeau et son manteau que le propriétaire consent à chauffer! au contraire celles où l'on se découvre comme la toilette ou la chambre à coucher, sous prétexte d'hygiène restent glaciales. Dans les appartements américains la proposition est renversée, personne ne s'en plaint.

Ces appartements peuvent être loués meublés ou non, et quand vous y avez vos meubles, vous pouvez en faire réellement un home. Beaucoup de ces maisons sont construites par des sociétés mutuelles où chaque actionnaire est propriétaire d'un appartement. Il peut le vendre aussi facilement qu'il peut le louer.

Cet avantage que présente la maison à appartements-pied-à-terre est plutôt du domaine du programme que de celui de l'architecture. Il serait intéressant que nous ayons, à Paris, un certain nombre d'immeubles de ce genre, qui auraient le plus grand succès, surtout si l'étude d'architecture en était moins froide que celle des immeubles similaires en Amérique. Ajoutons, cependant, que cette froideur est au moins exempte de la vulgarité de certaines de nos façades, surchargées de victuailles en pierre. Espérons que la cherté de la vie réduira sensiblement ces guirlandes et ces cartouches alimentaires, pour le plus grand bénéfice de la perspective de nos rues!

139. *Forest Hills Gardens.* — Une inscription en mosaïque sur ciment.

Grosvenor Atterbury, Architecte.

II. — L'HABITATION COLLECTIVE

Cités-Jardins — Villes ouvrières

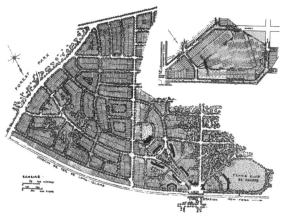

140.

GRACE à de puissants moyens de production, mis au service d'une organisation méthodique parfaite, les Américains ont fait, dans ces dernières années, d'énormes progrès dans la construction d'habitations économiques par groupes importants. Ils ont traité en grande série, non pas les maisons elles-mêmes; mais les matériaux de construction, ce qui a

141. *Forest Hills Gardens* — Plan général.

Grosvenor Atterbury, architecte

permis la standardisation rationnelle, sans créer la monotonie. Ce principe a été appliqué avec succès aux Etats-Unis avant la guerre, mais surtout lorsque les gigantesques services, créés de toutes pièces, pour la fabrication du matériel de guerre, ont posé, devant la nation américaine, le problème du logement des ouvriers d'une façon qu'il n'avait pas été nécessaire d'envisager jusqu'alors.

Avant la guerre, des compagnies industrielles, des municipalités ou des sociétés d'amélioration sociale avaient créé des villes pour l'habitation des ouvriers ou même

pour des employés d'administration à salaires modestes. Cela n'est d'ailleurs pas nouveau pour nous: nous avons en France, depuis longtemps, les mêmes œuvres de solidarité intelligente.

Le premier exemple qu'on verra dans ce chapitre représente la cité-jardin, qu'une fondation (Sage Foundation) a créée et développe encore actuellement à quelques kilomètres de New-York, dans l'île de Long-Island.

Le terrain contenait quelques boqueteaux qu'on a su incorporer dans la

Grosvenor Atterbury, architecte.

— Deux ensembles de rues.

composition de la petite ville, et la plantation des avenues et des jardins en a été particulièrement réussie, bien qu'encore toute récente.

Le type d'habitation en est très varié, plusieurs architectes se partageant les lots, sous la direction de l'architecte en chef qui contrôle et maintient le caractère général désiré. Ces habitations s'adressent surtout à la classe moyenne des employés d'administrations ou d'entreprises privées, aux familles nombreuses, et l'on pourra

144. *Forest Hills Gardens.* — L'église.   Grosvenor Atterbury, architecte.

se rendre compte qu'elles n'entrent pas dans la catégorie dite des habitations à bon marché. Le but de cette fondation est surtout de permettre la construction de villas coquettes et toutes proches de New-York, pour une classe de la population qui, sans cela, serait probablement condamnée à l'habitation en appartements bourgeois surpeuplés.

Les images de cette cité-jardin se dispensent de toute description ; elle montrent avec quel souci on a recherché l'effet floral d'encadrement de ces maisons (illustration 150).

Quoique profitant de l'organisation d'un grand chantier, de l'approvisionnement des matériaux par grandes quantités et d'une direction centralisée, les architectes de ces villas ont pu éviter toute monotonie et composer librement leurs ouvrages.

L'Eglise, aussi bien que les façades des maisons sont traitées avec la plus grande simplicité et l'unique décoration est fournie par la nature.

On remarquera plusieurs éléments de construction qui demandent qu'on s'y arrête. Le ciment armé a joué un très grand rôle dans la structure des murs. Employé

145. *Forest Hills Gardens* — Type de maison.
Grosvenor Atterbury, architecte

146. *Forest Hills Gardens*. — Type de maison.
Grosvenor Atterbury, architecte

Grosvenor Atterbury, architecte.

147. *Forest Hills Gardens.* — Type de maison.

Grosvenor Atterbury, architecte.

148. *Forest Hills Gardens.* — Type de maison

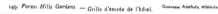

149. *Forest Hills Gardens*. — Grille d'entrée de l'hôtel.   Grosvenor Atterbury, architecte.

150. *Forest Hills Gardens*. — Un mur de roses.   Grosvenor Atterbury, architecte.

Grosvenor Atterbury, architecte.

151. *Forest Hills Gardens.* — Fontaine centrale du square de la gare.

Grosvenor Atterbury, architecte.

152. *Forest Hills Garden.* — Fontaine murale dans le jardin public.

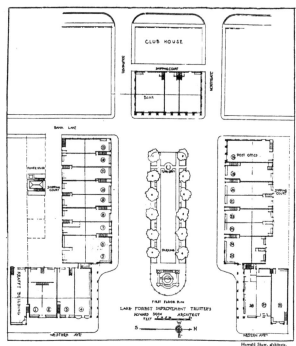

153. *Groupe de Lake Forest* (Illinois). — Plan de la place du Marché.

soit comme squelette avec remplissage en briques, soit en grandes dalles préparées à l'usine, il a fourni aux architectes les moyens de construire plus vite et meilleur marché. Bien souvent il est laissé apparent et l'effet grésillant de la face du mur est obtenu par un brossage avant la prise, qui laisse apparaître les matériaux agglomérés. Différents tons de surfaces apparentes sont obtenus par le mélange bien facile de gravillons choisis spécialement, ou même de marbres concassés et ajoutés au mélange.

Howard Shaw, architecte.

154. *Groupe de Lake Forest (Illinois)*. — Place du Marché.

Certaines clôtures ajourées, également en ciment armé, remplacent avantageusement les grilles du commerce et n'ont pas le défaut de rouiller sous le climat maritime de la région de New-York (illustration 149).

Enfin, au charme de la décoration naturelle par la flore, on a ajouté celui de petites fontaines simples et variées (illustrations 151-152).

A l'ensemble des villas s'ajoute, près de la station, un grand hôtel où les familles qui n'ont pas encore acheté leur lopin de terre peuvent venir passer quelques jours de vacances avant de se décider. Des terrains de jeux, munis de tennis nombreux accompagnent cette organisation modèle de l'habitation sainement comprise (illustration 141).

Les municipalités ne sont pas en retard sur l'initiative privée. Il faut dire que lorsqu'elles entreprennent d'améliorer la communauté, elles en chargent immédiatement l'initiative privée; elles la contrôlent sans l'entraver de considérations politiques ou électorales, qui n'ont rien à voir avec les questions techniques.

Le soin de choisir les terrains destinés à l'agrandissement ou à l'embellissement de la commune, l'étude et la responsabilité des travaux à y faire sont confiés à des *trustees,* autrement dit, à des Conseils d'administration qui sont nommés pour cette tâche précise et recrutés parmi les gens spécialisés dans les questions à résoudre.

Tantôt il s'agit de construire une cité ouvrière sur des terrains communaux, tantôt ce sera la création d'un petit centre civique comprenant des bureaux d'administration communale, banques, postes, clubs, usines centrales de lumière, de chauf-

Howard Shaw, architecte.

155. *Groupe de Lake Forest (Illinois).* — Tour du cadran solaire.

fage et de gaz, le tout groupé autour d'une place qui rappellera assez bien nos vieilles places du Marché (illustrations 153, 154, 155).

Le rendement nécessaire pour payer ces travaux est assuré par la location de boutiques bien placées et d'habitations au-dessus de ces boutiques. Un autre bénéfice, le plus grand peut être, *qu'on n'oublie pas de chiffrer*, est la mise en valeur des terrains, ou la plus-value que toute la communauté réalise de ce fait.

Le plus important pour nous, à l'heure actuelle, est de voir ce qui a été fait pendant le guerre pour le logement des ouvriers employés par centaines de mille à la fabrication des munitions et la construction des navires de commerce.

Ces villes ouvrières, au nombre de deux cents environ, ont été presque entièrement construites entre le mois d'avril 1917 et le 11 novembre 1918. Le manque de main-d'œuvre, que suffisait à peine à combler l'émigration avant la guerre, s'est accru progressivement depuis 1914. La difficulté résultant de ce fait, s'est augmentée du besoin simultané de toutes les catégories de matériaux. Alors que l'industrie était déjà surchauffée pour la production d'acier et de munitions pour les alliés d'Europe, le Gouvernement américain lui demandait subitement de produire pour lui-même tout ce qu'il fallait pour équiper une armée sans limites. Il fallait trouver et loger la main-d'œuvre qui allait construire les camps d'instruction, les chantiers de constructions navales, les usines nouvelles, et assurer ensuite la marche de ces usines. Tout cela simultanément.

Kilham and Hopkins, architectes.

156. *Atlantic Heights, Portsmouth (New Hampshire)*. — Plan général.

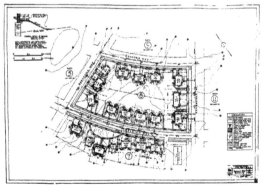

Kilham and Hopkins, architectes.

157. *Atlantic Heights, Portsmouth (New Hampshire)*. — Détail d'îlot.

158. *Atlantic Heights, Portsmouth (New Hampshire).* — Groupe de six maisons.

Kilham and Hopkins, architectes.

159. *Atlantic Heights, Portsmouth (New Hampshire).* — Types divers de maisons.

Kilham and Hopkins, architectes.

Les deux Ministères qui avaient charge de ce travail: Ministère du Travail (Labor Department) et Ministère de la Marine marchande (U. S. Shipping Board), ont assumé cette tâche et l'on menée à bien en la confiant à deux commissariats techniques appelés « Housing Corporation ». Celui du Ministère du Travail a son siège à Washington et celui de la flotte de commerce fonctionne à Philadelphie. Ce sont, en somme, deux grands services d'architecture et de travaux publics, dont le personnel n'est composé que de techniciens responsables chacun de leur spécialité.

Geo B. Post & Fils, architectes.

160. *Base navale de Norfolk (Virginie). — Plan.*

Ces bureaux centraux ont créé une organisation générale standardisée dans tout ce qui pouvait l'être, et ont nommé, dans chacun des 200 chantiers de construction, une agence d'architecture et de travaux publics, chargée de l'exécution de ce chantier. L'agence locale avait toute liberté d'action, la corporation ou agence centrale se contentant de l'aider par tous les moyens possibles pour activer son travail [1].

Les villes ouvrières construites dans ces conditions présentent la plus grande variété, étant donnée leur dissémination dans toute l'étendue des Etats-Unis. Les unes sont près de New-York ou de Philadelphie et peuvent être considérées comme des faubourgs de villes déjà existantes; d'autres sont des villes de 5 à 20,000 habitants, créées de toutes pièces dans des terrains vierges et parfois sur des marais qu'on a dû assécher; on en trouve jusque dans l'Alabama et le Texas. Elles accompagnent toujours une usine importante ou un chantier de constructions navales.

Le programme de ces villes variait donc beaucoup suivant le climat, la nature de l'industrie, la condition ou même la race des ouvriers. Beaucoup d'entre elles sont

[1] Cette organisation a été étudiée en détail dans une Conference faite à l'Ecole des Beaux-Arts le 3 mars 1919 et publiée, en un fascicule illustré par l'Office du Bâtiment et des Travaux Publics, 9, Avenue Victoria, Paris.

u Travail
:: liardi,
m suarats
: a' a sen
Jolphe. Ce
:, dont le
spécialité.

Px.

Px. achère

lisée dans
s de consé-
écution de
ou agence
ctiver son

us grande
tats-Unis.
rtées com-
5 à 20,000
Ses marais
les accom-
avales.
, la nature
e elles sont

hrs le 3 mars
Cont, Paris

161. *Base navale de Norfolk (Virginie)*. — Perspective d'une rue.
Geo B. Post & Fils, architectes

162. *Base navale de Norfolk (Virginie)*. — Groupe de cinq unités.
Geo B. Post & Fils, architectes.

Francis Y. Joannes, architecte

163 *Hilton Village* (*Virginie*). — Plan général.

164. *Hilton Village (Virginie)* — Groupe d'écoles.

presque entièrement construites en bois et disposées pour l'habitation de colonies noires en grande majorité.

    Les plus intéressantes pour nous sont celles — les plus nombreuses d'ailleurs — qui ont été construites sur la côte est, depuis Boston jusqu'à Newport-News. Les unes rappellent les vieilles villes bâties par les colons anglais (illustrations 162, 171 et 172), ou bien les types de maisons de nos vieux villages d'Angleterre ou de France (illustrations 158, 159, 164, 165, 170, 174). Dans les Etats du Sud, l'architecture de ces « villages » rappelle celle des missions espagnoles et s'adapte parfaitement au paysage (illustration 185).

    Les plans sont étudiés pour un maximum de confort relativement au prix de location, toutes ces maisons étant munies de salles de bains et d'un chauffage géné-

165. *Hilton Village (Virginie).* — Boutiques et théâtre.

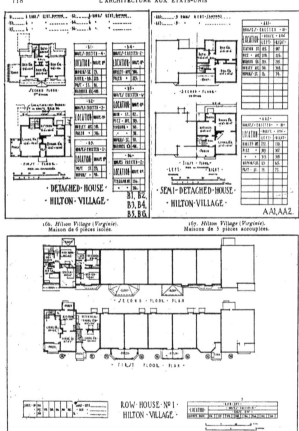

166. *Hilton Village* (*Virginie*).
Maison de 6 pièces isolée.

167. *Hilton Village* (*Virginie*).
Maisons de 5 pièces accouplées.

168. *Hilton Village* (*Virginie*). — Groupe de 8 maisons de 4 à 6 pièces.

Francis Y. Joannes, architecte.

169. *Hilton Village (Virginie)*. — Maisons en alignement.

170. *Hilton Village (Virginie)*. — Groupe de maisons.

Electus Lichtfield, architecte.

171. *Yorkship Village, Camden (New-York).* — Vue de la place centrale.

172. *Yorkship Village, Camden (New-York).* — Type de maison.

Electus Lichtfield, architecte.

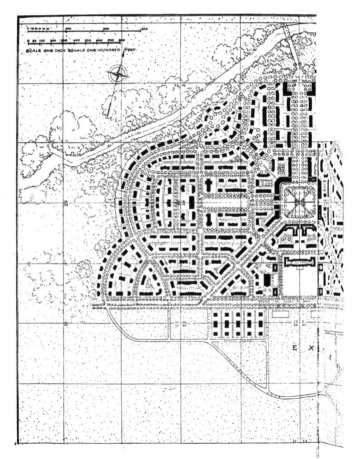

YORKSHIP VILLAGE
CAMDEN N.J.
GENERAL PLAN
ELECTUS D. LITCHFIELD, ARCHITECT

173 PLAN GÉNÉRAL

Ballinger & Perrot, architectes.

174. *Union Park Gardens, Wilmington (Delaware).* — Vue générale d'une partie du chantier.

ralement assuré par un calorifère en cave, ou parfois par le fourneau de cuisine.

Comme les deux agences centrales fournissaient à leurs agences locales les renseignements nécessaires pour l'unité de dimensions, autant qu'il était possible, les plans des types d'habitations sont à peu près les mêmes; mais leur groupement est aussi varié que si chaque agence avait travaillé sans aucune indication du bureau central. Dans le même chantier, on voit des plans identiques arrangés de telle manière que la maison change totalement d'aspect par l'étude de son élévation (illustrations 182 et 183).

La construction est généralement en briques, avec ou sans enduit. Dans ce dernier cas, on emploie une brique creuse de grand modèle à trous verticaux, à parois ingénieusement rainées à queue d'aronde, sur lesquelles les enduits de revêtement tiennent parfaitement. Cette brique, d'une pose très facile, permet de monter les murs avec une rapidité extraordinaire et d'économiser du mortier.

L'emploi du pan de bois est très fréquent également; il est revêtu soit de planches avec interposition de papier isolant, soit d'enduit extérieur en ciment,

Ballinger & Perrot, architectes.

175. *Union Park Gardens, Wilmington (Delaware).*
Intérieur d'une cuisine.

appliqué sur ce même papier isolant armé de fil de fer galvanisé, et cloué sur les pièces de charpente.

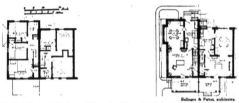

176-177. *Union Park Gardens, Wilmington. (Delaware).* — Types d'unités en groupes, de 4 à 6 pièces, avec bains.

Les cloisons intérieures sont constituées par des poteaux sur lesquels on cloue des panneaux de carton-plâtre très résistant, ou des lattis de dispositifs divers, qui reçoivent l'enduit de plâtre ordinaire. On a toujours cherché, dans ces procédés

Union Park Gardens, Wilmington (Delaware).
Type d'unités jumelées de 6 pièces, avec bains, disposées de deux manières différentes.

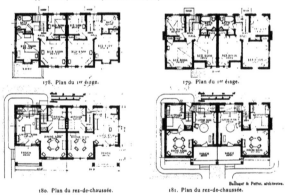

178. Plan du 1er étage.   179. Plan du 1er étage.

180. Plan du rez-de-chaussée.   181. Plan du rez-de-chaussée.

nouveaux, l'économie de main-d'œuvre, de temps et de séchage de la plâtrerie, qu'on réduit au minimum. Il y a même un exemple de lambourde en béton, sorte de nervure posée sur le plancher, qui évite la lambourde en bois et le scellement de cette dernière. Le béton est constitué de ciment et d'une proportion de corps inertes qui permettent d'enfoncer des clous dans ce béton comme dans du bois dur. C'est un

clout sur

et très bons.

is on cloue
livres, qui
procédés

Pour architectes.

cic, qu'on
te de ser-
it de cette
tertes qui
C'est un

182. *Union Park Gardens, Wilmington (Delaware)*. — Façade de la disposition 178-180.

Ballinger & Perrot, architectes.

183. *Union Park Gardens, Wilmington (Delaware)*. — Façade de la disposition 179-181.

Ballinger & Perrot, architectes.

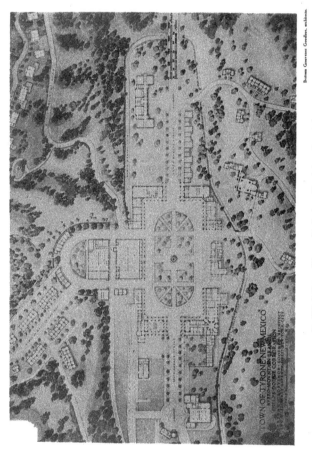

184. *Ville de Tyrone (Nouveau-Mexique).* — Plan de la partie centrale.

184. *Ville de Tyrone (Nouveau-Mexique)*. — Plan de la partie centrale.

185. *Ville de Tyrone (Nouveau-Mexique)*. — Vue perspective.

Bertram Grosvenor Goodhue, architecte.

Ewing and Allen, architectes.
186. *Ville industrielle de l'Air Nitrate Corporation, Muscle Shoals (Alabama)*
Vue perspective.

brevet qui mérite d'être connu, car dans les murs en ciment armé, il suffit d'emplir de ce béton spécial une rainure prévue d'avance à l'endroit voulu, pour pouvoir clouer dans le mur de ciment tout l'habillage de menuiserie ou poser tous les tampons nécessaires. On évite ainsi la critique du locataire de ne pouvoir enfoncer des clous dans les murs.

Toutes les innovations apportées à l'art du bâtiment ont pu être expérimentées dans ces nombreux chantiers de constructions économiques. Il sera très intéressant d'en voir, à l'usage, les qualités et les défauts, car le champ de ces expériences a été suffisamment vaste pour qu'elles n'aient pas l'inconvénient qu'elles ont généralement quand elles sont simplement théoriques et pas assez industrielles (¹).

(¹) Voir le rapport du même auteur au Commissariat Général des Affaires Franco-Américaines sur les méthodes et matériaux de construction employés aux États-Unis, et celui de la Mission technique du Ministère

III

FERMES D'AGRÉMENT ET D'EXPLOITATION

Domaines agricoles

Alfred Hopkins, architecte.

187. *Ferme de S. T. Peters, Esq.,*
Islip (Long Island).

'ARCHITECTURE des exploitations agricoles, au vrai sens du mot, reflète un caractère trop industriel et trop utilitaire pour qu'il en soit fait mention dans ce livre. Nous nous occuperons seulement des domaines agricoles de petite importance et des fermes, dont la construction est confiée à des architectes, et non à des ingénieurs agronomes. Certains architectes se sont d'ailleurs spécialisés dans cette partie fort intéressante de notre art, et leurs œuvres sont tout aussi intéressantes à connaître pour leur plan que pour les détails de leur aménagement.

La plupart des grands propriétaires possèdent leur ferme et c'est un plaisir que de la visiter. Ce sont vraiment des œuvres d'architecture, autant par l'absence d'un faux pittoresque de pignons et de pigeonniers inutiles, que par l'expression nette du programme moderne qu'elles constituent et où il est tiré parti de tous les détails de l'installation pour en faire des éléments caractéristiques.

Les illustrations 188, 189 et 190 nous montrent une ferme particulière entièrement construite en ciment et couverte en terrasse, jusqu'au colombier lui-même. L'emploi du bois y est réduit au strict nécessaire et le danger d'incendie n'existe pour ainsi dire plus.

D'autres exemples (illustrations 191, 192, 193) nous montrent une installation moins importante et d'un effet décoratif plus recherché, mais restant toujours dans le caractère de simplicité naturelle que demande ce programme.

Enfin, la ferme de grand luxe, dont nous voyons plusieurs exemples (illustrations 194 et 195) donne lieu à d'excellentes occasions de tirer parti d'un réservoir par exemple, qui devient une tour surmontée d'un belvédère, ou d'une communication entre deux bâtiments, qui devient une curieuse treille. Nous y voyons aussi le style des anciens colons dans les constructions entièrement en bois, où l'on s'étonne peut-être de trouver des colonnes et des frontons (illustrations 196 et 197); mais leurs proportions vieillotes les font accepter.

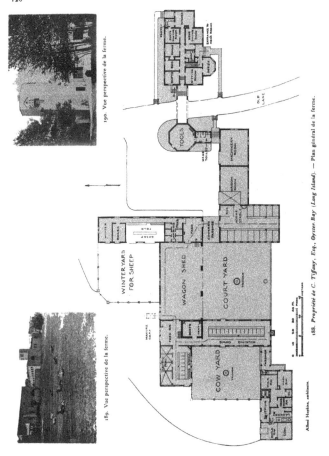

190. Vue perspective de la ferme.

189. Vue perspective de la ferme.

188. *Propriété de C. Tiffany, Esq., Oyster Bay (Long Island).* — Plan général de la ferme.

Alfred Hopkins, architecte.

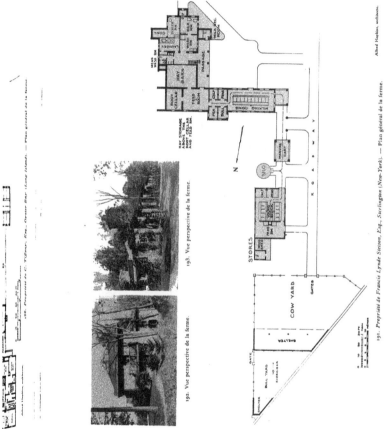

190. *Propriété de C. Tiffany, Esq., Oyster Bay (Long Island). — Plan général de la ferme.*

192. Vue perspective de la ferme.

193. Vue perspective de la ferme.

Alfred Hopkins, architecte.

191. *Propriété de Francis Lynde Stetson, Esq., Sterlington (New-York). — Plan général de la ferme.*

194. *Ferme de Mortimer Schiff, Esq., Oyster Bay (Long Island).*

Alfred Hopkins architecte.

195. *Ferme de Mortimer Schiff, Esq., Oyster Bay (Long Island).*

196. *Ferme d'Adolphe Wollenhauer, Bay Shore (Long Island).*

Allard Hopkins, architecte

197. *Ferme de G. F. Brewster, Esq , Brookville (Long Island).*

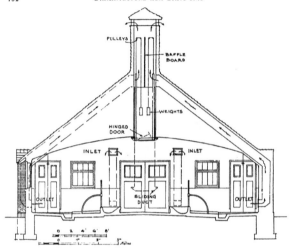

Allred Hopkins, architecte

198. Coupe d'une vacherie à deux rangs.

Dans les deux coupes de vacheries à un et à deux rangs (illustrations 198 et 199), nous voyons l'excellent dispositif de ventilation et de lavage, avec ce détail de sollicitude du fond de litière en liège, pour éviter sans doute les rhumatismes (¹).

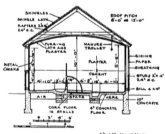

Alfred Hopkins, architecte.

199. Coupe d'une vacherie à un rang.

(¹) Extrait de « Modern Farm Buildings », par Alfred Hopkins, A. I. A., Robert Mc Bride & Cie, New-York.

George B. Post & Fils, architectes.

200. *Hôtel Statler, Saint-Louis (Missouri)*. — Vue du Hall.

IV

HÔTELS DE VOYAGEURS

Dans les villes — A la campagne — Dans les stations balnéaires

201.

A vie d'hôtel étant très développée aux Etats-Unis, l'industrie hôtelière nous apporte des exemples du plus haut intérêt. Nous n'avons évidemment pas le même programme en France, au point de vue de l'importance de l'immeuble, certains hôtels de New-York ayant par exemple 2,500 chambres, avec presque autant de bains. Mais un point de ce programme commun à tous les pays est la satisfaction du client, première condition !

Elle est obtenue principalement par l'organisation logique et claire des services généraux et par le confort touchant à la perfection que l'on trouve dans les chambres. L'architecte peut se partager avec l'hôtelier le mérite de cette installation bien raisonnée. Nous ne nous attacherons à ne montrer que les avantages découlant plus spécialement du rôle de l'architecte.

En entrant à l'hôtel, on trouve, dans un hall spacieux et juste en face de soi, les bureaux de portier et de location où l'on peut obtenir immédiatement les renseignements qu'on désire. Un ami vous attend : il est confortablement assis dans une partie calme du hall, traitée en salon, mais largement ouverte sur le hall ; vous ne

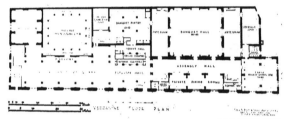

202. *Hôtel Statler*, Cleveland (Ohio). — Plan de l'entresol.

George B. Post & Fils, architectes.

pouvez pas lui échapper. Près des bureaux, journaux, cigares, plusieurs vestiaires dans la partie voisine des salles à manger ; les ascenseurs, dont le nombre varie suivant l'importance de la maison, en plein milieu du hall (illustrations 203 et 219) des téléphones près du grill-room et du bar ; enfin, tous les services sanitaires bien ventilés et largement éclairés. Le service n'est certes pas meilleur que chez nous ; il est souvent composé du même personnel, originaire des mêmes pays ; mais il semble plus rapide, parce que le plan est certainement plus raisonné.

203. *Hôtel Statler*, Cleveland (Ohio). — Plan du rez-de-chaussée.

George B. Post & Fils, architectes.

Les cuisines, par exemple, sont combinées pour permettre un contrôle parfait (checking), et l'ont sent vraiment la coopération de l'architecte et de l'hôtelier pour que le premier facilite grandement la tâche du second.

En sous-sol, ou parfois en entresol (mezzanine), des services de coiffure,

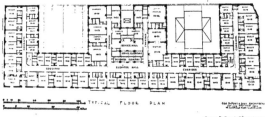

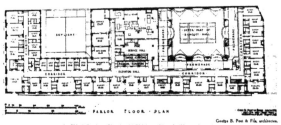

manucure, pédicure et autres soins, dont l'installation est tout-à-fait engageante par la profusion des marbres et des miroirs qui donnent un aspect de propreté incomparable. La ventilation de ces services en sous-sol est réellement parfaite, toujours par le même procédé de circulation d'air chaud en hiver, rafraîchi en été, et expulsé

204. *Hôtel Statler, Cleveland (Ohio)*. — Plan d'étage.

George B. Post & Fils, architectes.

de la pièce avant qu'il ait eu le temps d'être vicié, de telle manière qu'on est, au sous-sol, loin de toute ouverture sur la rue, souvent beaucoup mieux que dans une pièce à ventilation directe.

Ces grands hôtels ont généralement deux sous-sols: l'un qui est un étage réservé au public, avec grill-room, billard, salle de natation, etc., et l'autre qui est l'usine de l'hôtel. Cette usine fait tout ce qui est nécessaire au service de la maison: imprimerie, blanchisserie, boulangerie, fabrication de glace, etc.

205. *Hôtel Statler, Cleveland (Ohio)*. — Plan de l'étage des salons.

George B. Post & Fils, architectes.

Les salons destinés aux bals et aux grandes réunions sont généralement au premier étage, avec un certain nombre de salles à manger privées. Au-dessus, les étages des chambres, dont certains sont réservés au public des hommes d'affaires qui peuvent avoir à montrer des échantillons dans leur chambre. Dans ce cas, les

206. *Hôtel Statler, Cleveland (Ohio).* — Grand hall de l'hôtel.

George B. Post & Fils, architectes.

206. *Hôtel Statler, Cleveland (Ohio).* — Grand hall de l'hôtel.

George B. Post & Fils, architectes.

207. *Hôtel Statler, Cleveland (Ohio).* — Restaurant Pompéien.

George B. Post & Fils, architectes.

George B. Post & Fils, architectes.

208. *Hôtel Statler*, Cleveland (*Ohio*). — Balcon du restaurant pompéien.

George B. Post & Fils, architectes.

209. *Hôtel Statler*, Cleveland (*Ohio*). — Le bar.

Horace Trumbauer, architecte.

210. *Hôtel Ritz Carlton, Philadelphie*. — Vue extérieure de l'hôtel.

chambres de ces étages sont plus spacieuses que les autres et cet arrangemement a l'avantage que les voisins ne sont pas gênés par les allées et venues exigées par ce genre de clientèle.

Dans les chambres et dans l'antichambre, vastes placards-penderies, dont les portes forment glaces à combinaisons et évitent l'encombrement d'armoires à glace (illustration 212). L'éclairage est disposé à profusion, de manière à pouvoir lire dans son fauteuil ou dans son lit, à faire sa toilette rapidement, et les combinaisons d'allumages multiples sont toujours commandées du lit et de la porte.

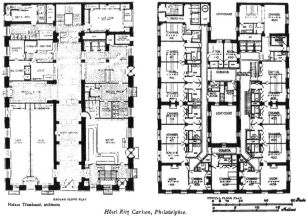

Hôtel Ritz Carlton, Philadelphie.

211. Plan du rez-de-chaussée   212. Plan d'étage.

La salle de bain, déjà décrite dans l'habitation, réunit naturellement les mêmes avantages, avec plus de simplicité recherchée dans la décoration : dallage en mosaïque de marbre, revêtement de céramique blanche jusqu'à une certaine hauteur, murs et plafond au ripolin, baignoire encastrée, plomberie parfaite.

La tuyauterie ne se voit pas; elle est dissimulée derrière le revêtement et la robinetterie seule apparaît et décore. L'examen de la tuyauterie et sa réparation éventuelle peut-être fait par un placard ou une sorte de gaîne à laquelle on accède en dehors de la salle de bains, généralement par des dégagements extérieurs aux chambres. Les ouvriers réparateurs ne pénètrent donc pas dans les chambres louées et les fuites ne donnent généralement pas lieu à des réparations de décors, mais s'aperçoivent immédiatement par la visite quotidienne de ces gaînes. Dans certains plans bien étudiés

213. *Hôtel Ritz Carlton, Philadelphie.* — Vue du hall du 1er étage.

Horace Trumbauer, architecte.

214. *Hôtel Ritz Carlton, Philadelphie.* — Salle à manger.

Horace Trumbauer, architecte.

18

Horace Trumbauer, architecte.

215. *Hôtel Ritz Carlton, Philadelphie.* — Salle de bal.

Horace Trumbauer, architecte.

216. *Hôtel Ritz Carlton, Philadelphie.* — Rotonde de la salle à manger.

George B. Post & Fils, architectes.

217. *Hôtel Statler, Detroit (Michigan).* — Bar.

George B. Post & Fils, architectes.

218. *Hôtel Statler, Detroit (Michigan).* — Salon de coiffure.

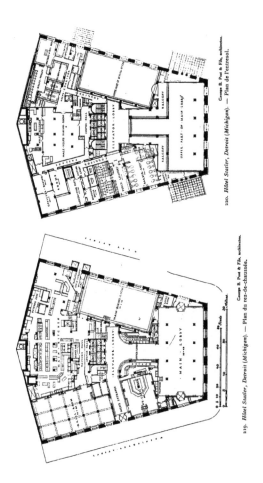

219. *Hôtel Statler, Detroit (Michigan).* — Plan du rez-de-chaussée.

George B. Post & Fils, architectes.

220. *Hôtel Statler, Detroit (Michigan).* — Plan de l'entresol.

George B. Post & Fils, architectes.

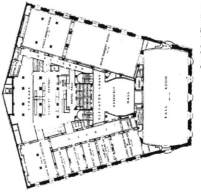

231. *Hôtel Statler, Detroit (Michigan).* — Plan du 1ᵉʳ étage:

George B. Post & Fils, architectes.

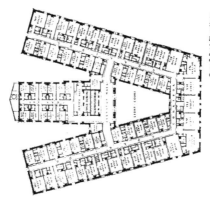

232. *Hôtel Statler, Detroit (Michigan).* — Plan d'étage.

George B. Post & Fils, architectes.

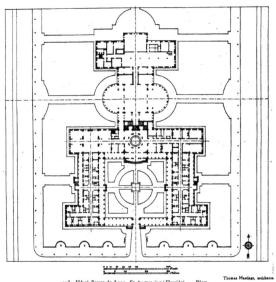

223. *Hôtel Ponce de Leon, St-Augustine (Floride).* — Plan.   Thomas Hastings, architecte.

la gaîne monte de fond dans toute la hauteur de l'immeuble, les planchers sont
ouverts au droit du passage des tuyaux; donc, pas de taches au plafond de l'étage
inférieur en cas de fuite.

Le chauffage mixte, déjà décrit pour l'habitation particulière, est d'autant plus
réalisable à l'hôtel qu'il s'amortit sur un plus grand nombre de chambres. Il est
facilement réglable et silencieux; il est certainement pour beaucoup dans l'impression de confort luxueux que donne la chambre d'hôtel en Amérique.

Quelques détails relatifs aux ascenseurs. Ils sont rapides et spacieux et un dispositif de signaux à lampes blanches ou rouges indique à chaque étage leur montée ou leur
descente; un cadran montre, par sa flèche, à quel étage est l'ascenceur qu'on attend.
De même, la sonnerie d'appel prévient le garçon liftier, de l'étage où on le désire,
et si c'est pour monter ou pour descendre, par la même combinaison de signaux
numérotés s'allumant blanc ou rouge. Le palier de la cabine, qui peut n'être pas arrêté
exactement en face du palier d'étage, attire votre attention par quelques perles lumi-
neuses constamment allumées et vous évite ainsi de buter ou de faire un faux-pas.

Thomas Hastings, architecte.

224. *Hôtel Ponce de Leon, St-Augustine (Floride)*. — Vue de la façade.

Les malles, après avoir été vidées, vont dans un grand placard spécial près de votre chambre qu'elles n'encombrent pas.

Le nettoyage est entièrement fait par le vide.

Le courrier est envoyé aux étages par des tubes pneumatiques, et, de même, à chaque hall d'étage, près des ascenseurs, on trouve la chute de lettres qui aboutit au rez-de-chaussée, dans la boîte aux lettres générale.

Beaucoup d'hôtels sont munis du télautographe, qui reproduit électriquement à l'étage où vous voulez parler, les mots que vous avez écrits sur le pupitre récepteur placé au bureau de l'hôtel. La réponse manuscrite de votre correspondant vous est transmise par le même procédé, ce qui évite les erreurs de personnes auxquelles la simple carte de visite ou l'appel téléphonique pourraient donner lieu.

La décoration, autant extérieure qu'intérieure n'offre rien de particulier pour nous; on en trouve d'excellents exemples, toujours avec cette exécution parfaite en matériaux de premier ordre. Structure métallique, façade traitée en revêtements où la brique, le marbre ou la terre cuite décorative sont associés. A l'intérieur, même revêtements où le travertin, la pierre de Caen et le marbre se voient le plus souvent. Peu de stuc sauf dans les intérieurs copiés des nôtres. Les lambris de chêne ou autres essences garnissent souvent les parois des salles à manger, bars et grills-rooms. Le ton en est agréablement adouci par le « *staining* », couche d'impression poncée ensuite, qui ne laisse de traces que dans les veines et qui, selon la couleur de l'impression, moire la surface du bois sans en cacher la texture. Cette mode des décorateurs anglais donne, avec les magnifiques bois d'Amérique, de très beaux lambris.

L'hôtel décrit sommairement ici se retrouve presque dans toutes les grandes villes, où il est construit et géré par les mêmes compagnies exploitant avec profit ce qu'on appelle les « chaînes d'hôtels ». Il faut ajouter que, bien qu'au centre de la cité, il est presque toujours accompagné de son jardin, qui se trouve sur la toiture.

Thomas Hastings, architecte.

225. *Hôtel Ponce de Leon, Ste Augustine (Floride).* — Portique d'entrée.

Des fontaines de pierre, des allées de gravier, des guirlandes de lumière donnent aux dîneurs qui s'y rencontrent en été l'impression qu'ils ont quitté la ville dont on aperçoit seulement la vision féérique des innombrables lumières.

Dans les grandes stations balnéaires ou de cure, on trouve des hôtels au nombre respectable de chambres, généralement bien situés, encadrés d'un parc suffisant pour les isoler du reste de la ville, et dont l'architecture a été étudiée en harmonie avec la région.

Il y a bien quelques exemples de grandes bâtisses aux balcons Louis XVI dans certaines belles vallées dont elles sabotent le charme. Ces hôtels sont alors de fidèles copies de ce que nous trouvons, hélas! sur la Côte-d'Azur et dans la plupart de nos sites de montagne. Mais les illustrations 223 à 227, donneront, par un seul exemple la note de ce que sont les hôtels bien étudiés de la Floride et de la Californie. Il en existe dans ce dernier pays qui sont des modèles de simplicité et d'adaptation bien combinée du pittoresque régional aux besoins d'un programme moderne. L'hôtel, accompagné d'une trentaine de villas cachées dans la verdure du parc, forme un grand village de plaisir, et chaque locataire de villa trouve, pendant huit jours s'il le veut, l'intimité d'une maison de campagne, alors que tous les soucis du service sont pris par l'hôtel; meubles, linge, argenterie, serviteurs, denrées, tout est fourni par l'hôtel. C'est très cher mais extrêmement commode pour l'hospitalité, et la maîtresse de maison reçoit tous les compliments sans avoir les fatigues de l'organisation du service.

Les hôtels de petite importance sont rares aux Etats-Unis, ou alors ils sont des auberges sans intérêt architectural. Une entreprise hôtelière, comme toutes les entreprises aux Etats-Unis, ne « paie » que lorsqu'elle est grande; on ne s'attarde donc pas à faire de petites hôtelleries. Il en existe de charmantes; mais ce sont des entreprises coopératives qu'il faut ranger dans le chapitre des clubs.

Thomas Hastings, architects.

226. *Hôtel Ponce de Leon, St Augustine (Floride).* — Cour d'honneur: Façade principale.

Thomas Hastings, architecte.

227. *Hôtel Ponce de Leon, St Augustine (Floride).* — Cour d'honneur: *Entrée des Dames.*

V. LES CLUBS

Clubs d'affaire, de sport et de campagne

Guy Lowell, architecte.
228. Piping Rock Club

ES clubs, dans les grandes villes, sont nombreux et occupent de vastes immeubles. Ils sont, comme on l'a vu, la continuation du home auprès du bureau et le délassement en même temps que le travail.

Membre de plusieurs clubs, l'homme d'affaires américain retrouve, à des heures régulières, tous les gens qu'il veut rencontrer et, en fumant un bon cigare, il engage sans perte de temps la conversation d'affaires. Le club est également un lieu d'éducation beaucoup plus qu'un endroit de jeu.

La bibliothèque en est le joyau et le style généralement donné à cette partie du club montre bien son importance.

La salle à manger, comme la bibliothèque et le « lounge » (salon-fumoir), ont de hautes proportions ; il se dégage de tout l'ensemble une impression de dignité qui n'est pas artificielle (illustrations Nᵒˢ 3, 23o, 232).

McKim, Mead and White, architectes
229 Colonial Club, New-York.

C'est en somme la combinaison de l'hôtel et de la maison particulière, avec l'adjonction de certains services qui varient suivant la destination du club. Les uns sont prévus pour un usage uniquement de jour ; le restaurant et ses annexes y sont plus développés que les étages de chambres ; c'est le contraire, dans les clubs qui servent en même temps d'hôtel à certains hommes d'affaires voyageurs. D'autres ont des installations de sport (Racket Clubs) et l'on s'y occupe plus d'organiser des parties de chasse, de golf ou de pêche que d'y combiner de trusts. Tous ont généralement de belles salles d'escrime, de billard et de natation (illustration nᵒ 231).

Les clubs importants réunissent dans leurs étages des jeux de paume, de tennis, des salles de gymnastique scientifique, avec toute leur suite d'installations hydrothérapiques et de massage.

Holabird and Roche, architectes.

230. *University Club, Chicago.* — Salle à manger.

Parker, Thomas and Rice, architectes.

231. *Club athlétique de Baltimore.* — Piscine.

Parker, Thomas and Rice, architectes.

232. *Harvard Club, Boston.* — Salle à manger.

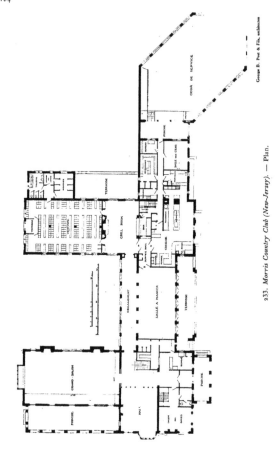

233. *Morris Country Club (New-Jersey)*. — Plan.

George B. Post & Fils, architectes

Pl. XII

MORRIS COUNTRY CLUB
Vue perspective

Parker, Thomas and Rice, architectes.

235. *Club de campagne.*

En dehors de la ville, le club existe sous les formes les plus variées : rendez-vous de chasse, de pêche, clubs de polo, de base-ball, de golf ou simplement clubs de plaisance où l'on peut venir se mettre au vert dans la vie simple, sans domestiques et où l'on voit le spectacle curieux d'hommes d'affaires considérables passant un tablier et confectionnant eux-mêmes leur dîner. (Rabbit's Club, Philadelphie.)

Ces joies saines ont leur expression dans l'aspect architectural des maisons, petites ou grandes, qui leur servent de cadre (illustrations nᵒˢ 234, 235, 236). Le plan de ces clubs de campagne est étudié pour le programme très précis qu'appelle la nature du sport qui les a motivés. L'illustration 233 montre toute l'organisation d'un club de golf, avec le développement énorme des vestiaires et de tous les raffinements du confort.

Nous n'avons en France rien de ce genre, surtout rien de comparable aux petits clubs modestes que l'on trouve partout dans la campagne aux Etats-Unis.

Toutes les classes de la société ont leurs lieux de réunion, depuis le club des millionnaires jusqu'à celui des jardiniers de ces millionnaires, et bien souvent l'aspect architectural de ces deux maisons est exactement le même, car il s'harmonise avec le paysage dans lequel on les a placées, et non avec le carnet de chèques de leurs habitants.

Il faut dire, à notre défense, que les excellentes hôtelleries de campagne, que

Parker, Thomas and Rice, architectes.

236. *Club de campagne.*

l'on trouve presque toujours en France, nous ont dispensés de pourvoir, par des clubs, à ce besoin d'un abri et d'un restaurant près de nos promenades et de nos lieux de sports. En Amérique, on ne trouve pas de petits hôtels dignes de ce nom, et partout où il n'est pas intéressant de construire un grand hôtel, c'est par des sociétés coopératives comme les clubs qu'on remplace, avantageusement même, l'hôtel moyen.

237. *Chevy Chase Club, Washington.*

McKim Mead and White, architectes.
238. *Harvard Club, New-York.* — Lounge.

TABLE DES MATIÈRES
du
TOME PREMIER

239. *Maison de campagne.*   John Russell Pope, architecte.

240. *Porche de ferme.*   Alfred Hopkins, architecte.

TABLE DES ILLUSTRATIONS
du
TOME PREMIER

241. *Détail de cour.*   Day & Klauder, architectes

Achevé d'imprimer

A GENÈVE

SUR LES PRESSES PHOTOTYPIQUES ET TYPOGRAPHIQUES

DE

SADAG

SOCIÉTÉ ANONYME DES ARTS GRAPHIQUES

Paris — Bellegarde — Genève